广东省教育科学规划课题"培养学生小学数学问题解决能力的研究"（课题批准号：2014ZJK030）研究成果

卢映芬　等著

小学数学
问题解决能力培养
实践研究

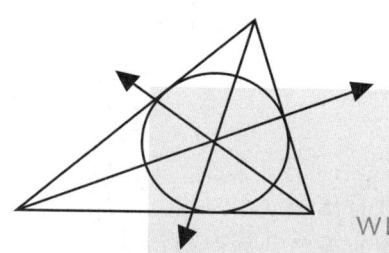

XIAOXUE SHUXUE

WENTI JIEJUE NENGLI PEIYANG

SHIJIAN YANJIU

广东高等教育出版社
Guangdong Higher Education Press

· 广州 ·

图书在版编目（CIP）数据

小学数学问题解决能力培养实践研究/卢映芬等著. —广州：
广东高等教育出版社，2018.10（2021.8 重印）
ISBN 978 - 7 - 5361 - 6152 - 8

Ⅰ.①小⋯　Ⅱ.①卢⋯　Ⅲ.①小学数学课 - 教学研究
Ⅳ.①G623.502

中国版本图书馆 CIP 数据核字（2018）第 081591 号

出版发行	广东高等教育出版社
	社址：广州市天河区林和西横路
	邮编：510500　营销电话：（020）87553735　87551183
	http://www.gdgjs.com.cn
印　刷	佛山市浩文彩色印刷有限公司
开　本	787 毫米 ×1 092 毫米　1/16
印　张	7.5
字　数	139 千
版　次	2018 年 10 月第 1 版
印　次	2021 年 8 月第 2 次印刷
定　价	20.00 元

自序
给研究留下点什么

近年来，我看了很多名师所写的专（编）著，有戴曙光老师的《简单教数学》、王永春老师的《小学数学与数学思想方法》、吴正宪等老师的《吴正宪课堂教学策略》、俞正强老师的《种子课：一个数学特级教师的思与行》和张丹老师的《小学数学教学策略》……我被名师们精湛的课堂教学技术和流畅的文笔所折服。于是，从教二十年的自己突然萌生了想留下点什么的冲动。

回顾平凡到不能再平凡的自己，一名真正的"草根一族"的数学教师，没有高深的学识，没有优美流畅的文笔，有的只是尚且扎实的教学基本功，比拙劣稍胜一筹的文笔以及对教学技能执着的追求和对课堂教学锲而不舍的研究精神。我，能留下点什么呢？

适逢人民教育出版社新修订教材的全面推出和以我为课题主持人的广东省教育科学"十二五"规划课题"培养学生小学数学问题解决能力的研究"的立项，我想，我要给研究留下点什么！

作为一种新的教学策略，问题解决已成为全球性数学教育改革的热点，它也是《中国学生发展核心素养》18个要点之一。小学数学问题解决能力，是指小学生灵活运用自身数学知识和方法解决数学问题的能力，是小学生综合性的数学能力。它要求学生具备从纷乱的实际问题中获取有用的信息，抽象成数学问题，通过分析数量关系，用数学方法解决问题的能力。小学数学问题解决能力是学生数学素养、创新能力、应用能力的重要标志。"问题解决"不仅是学生对已学知识的简单应用，它还承担着培养学生数学问题意识、提高学生问题解决能力的任务。

作为一线教师的我，最熟悉的是课堂，最擅长的是教学设计。于是，我立足于课堂，以课例为载体，结合《义务教育数学课程标准（2011年版）》的理念，以用好新教材、提高学生的问题解决能力为最终目标开展了一系列的实践研究。

书中收录的每一个实录、每一篇文章都是实实在在基于课堂教学的研究。部分文章是在杂志上发表的，或在市、区组织的征集评选活动中获奖的文章的基础上补充完善而成的。本书除了我自己撰写的对研究的一些感悟和心得外，还收录了课题组其他三位骨干成员的作品，分别是董杰玲老师的"用列表法分析问题，引导学生有序思考"（第四章第三节）、"列方程解决相遇问题"教学实录与评析（附录四），陈翠燕老师的"解决'正好'问题"教学实录与评析（附录一）和马丽云老师的"用连除、乘除法解决问题"教学实录与评析（附录三）。

本书包括四章。第一章"小学数学问题解决能力培养研究"着重交代研究的背景；通过对国内外专家和学者在问题解决能力培养方面研究文献的梳理提出研究设想；对基本概念进行界定，同时提出"小学数学问题解决能力结构图"，并对相关的能力进行诠释；最后说明研究的主要任务和研究的具体方法。第二章"'问题解决'教学中的三个步骤"以案例的形式指出小学数学修订版教材中"问题解决"三个步骤所承载的任务。第三章"发现问题和提出问题的能力"结合具体课例阐述阅图能力、信息筛选能力和完整表述题目能力的培养策略。第四章"分析问题和解决问题的能力"重点阐释分析问题的几种方法：分析法、综合法、画图法和列表法，以及估算能力的培养方法，分析教材对抽象思想渗透的年级衔接。另外，附录部分还收录了四个课例的实录与评析，展现了本书提出的各项问题解决能力在课堂教学中的具体培养方法，是理论研究的佐证。

书中内容虽然比较稚嫩，但都是通过不断总结经验，在真实的课堂教学经历中反思、提炼而成的。我的研究还不够成熟，理论基础也比较单薄，但是既然走上了研究的道路，有了研究的意识，就一定会有所发展。书中内容就是我为研究而留下的足迹……

在本书出版之际，我有太多感谢的话语要对为此付出时间和精力的人们说。感谢荔湾区教育发展研究院科研部陈静勉主任和杨爱华老师，她们从课题的申报、立项，到课题的开题、中期检查和结题，都给予了我有效的指导和无私的帮助；感谢荔湾区教育发展研究院小数科的梁燕慈、谭敏霞和杨绍彭三位老师，他们为课题组创设各种交流展示的平台，让课题组的研究成果得以应用、推广；感谢荔湾区耀华小学的杨国平校长、刘淑君副校长和梁舜君副校长的着力培养，促使我将大量的时间和精力投入课题研究中；感谢耀华小学数学科其他十一位同伴：董杰玲、马丽云、陈翠燕、何素云、谭蔼瑜、胡丽兴、方慧、何瑛、吴海文、卢艳萍和邓韵斐老师，有赖于她们在课堂教学中的扎实研究，我对课题才有更深入的思考，最终形成了这本书。

卢 映 芬

2017 年 12 月 8 日

目　录

第一章
小学数学问题解决能力培养研究

从 19 世纪中期至今，问题解决一直是当代数学教育改革与研究关注的焦点。PISA（国际学生评估项目）2012 年以数学素养为主要测试领域，不仅测试学生数学表述、数学应用和数学阐述的能力，而且测试学生是否能够恰当地运用数学解决他们在现实生活中遇到的问题。可见学生的数学问题解决能力成为人们评估学生数学素养的重要组成部分。我国在《义务教育数学课程标准（2011 年版）》中对"问题解决"的教学提出了明确的要求。2016 年，"问题解决"成为《中国学生发展核心素养》总体框架中 18 个要点之一，它要求学生要善于发现和提出问题，有解决问题的兴趣和热情；能依据特定情境和具体条件，选择制订合理的解决方案；具有在复杂环境中行动的能力等。可见，数学问题解决能力是一项综合性的能力，那么什么是小学数学问题解决能力？这项综合能力包含哪些基本能力？小学阶段应该着重培养学生的哪些能力呢？本章主要对这几个问题进行阐述。

第一节　"问题解决"的提出

一、"问题解决"一直是当代数学教育改革与研究关注的焦点

问题解决（problem solving）是由一定的情境引起的，按照一定的目标，应用各种认知活动、技能等，经过一系列的思维操作，使问题得以解决的过程。

欧美学者早在 19 世纪中期就开始关注问题解决能力的界定和培养，当时问题解决能力被视为一种机械的、系统的、抽象的技能。受认知学习理论的影响，数学界更倾向于将数学问题解决能力视为由认知技能和各种动作组成的复杂的活动表现。英国 1982 年的 Cockcroft 报告（数学教学调查委员会报告，以时任委员会主席科克罗夫特的名字命名）认为，问题解决是把数学

用于各种情况的能力，并呼吁教师要把解决问题的活动形式看作教或学的类型，看作课程论的重要组成部分。21 世纪后，问题解决作为一种新的教学策略已成为全球性数学教育改革的热点。时至今日，"问题解决"不仅已经成为国际数学教育研究的重要课题，而且形成了数学教育发展的时代潮流。把数学视为一门问题解决的课程，把问题解决作为一种数学的学习方式，已经成为人们的共识。在一些国家里，数学问题解决成了一种主要的数学教学模式。

二、 国家数学课程标准对 "问题解决" 的要求

《义务教育数学课程标准（2011 年版）》在"问题解决"教学中明确要求学生："初步学会从数学的角度发现问题和提出问题，综合运用数学知识解决简单的实际问题，增强应用意识，提高实践能力。获得分析问题和解决问题的一些基本方法，体验解决问题方法的多样性，发展创新意识。学会与他人合作交流。初步形成评价与反思的意识。"2012 年开始，我国小学数学陆续采用人民教育出版社新修订版教材[①]，教师对"问题解决"这一知识领域的教学也投入了相当大的精力。下面就国内外专家和学者对数学问题解决方面的研究进行梳理。

第二节　问题解决研究的现状

一、 国外专家和学者对问题解决的研究

通过对相关资料的搜集和阅读，本书对国外专家和学者关于问题解决的内涵的研究进行了整理。

什么是问题解决，即问题解决的内涵，不同学者、不同组织给出了不同的解释，笔者认为比较有代表性的观点有以下五种。

其一，问题解决是应用数学的过程。如美国全国数学督学理事会（NCSM）在《面向 21 世纪的数学基础》意见书中指出："问题解决是把前面学到的知识运用到新的和不熟悉的情境中的过程。"

---

① 本书无特殊说明时，教材指由人民教育出版社出版（简称"人教版"）的小学数学教材，其中一年级上、下册为 2012 年出版版本，二年级上、下册为 2013 年出版版本，三至六年级上、下册为 2014 年出版版本。

其二，问题解决是一种能力。如英国的科克罗夫特（Cockcroft. W. H.）等人称："那种把数学用于各种情况的能力，我们叫作问题解决。"

其三，问题解决是数学学习的目的。美国学者西尔费（Silver. E. A.）指出："20 世纪 80 年代以来，世界上几乎所有的国家都把提高学生的问题解决能力作为数学教学的主要目的之一。"

其四，问题解决是一种教学模式。如英国的 Cockcroft 报告中提到："将问题解决的活动形式看作教或学的类型。"

其五，问题解决是一种学习方式。事实上，问题解决本来是心理学中早就有的一个重要的概念。在美国心理学家加涅尔最初提出的学习等级分类中，问题解决为层次最高的一类学习，是指以独特的方式选择多种规则并加以综合运用的学习。

前四种解释的着眼点各有侧重，但实质上是一脉相通的，即问题解决是一种在应用数学的过程中形成的数学能力，这种数学能力是在数学教学中必须着重培养的数学素养之一，学校需要构建一种适当的教学活动模式来实现这一培养目标。

用现代认知心理学的话来讲，问题解决是一种基于主动探究的认知方式，建构主义的观点认为，这种认知方式的优势在于能够有效地促进理解知识的意义建构。从学习的心理活动来看，问题解决是以一种问题为目标定向、以思考为内涵的探索活动。具体地讲，就是指学生面临新的问题情境，发现它和主客观需要有矛盾但又缺乏现成对策时所引起的探究处理问题方法的学习心理活动。

由此可见，国外专家对问题解决内涵的研究颇多，且趋向成熟。

二、 国内专家和学者对问题解决的研究

在数学教育教学方面，我国的研究者们进行了积极的探索，一些优秀的研究成果也相继面世。张奠宙先生在总结我国数学教育经验基础上提出"以问题解决为主导"的理念，并编写了《中学数学问题集》，收集了各国不同类型的针对性习题，也提供了当前问题解决的研究发展状况，成为研究问题解决的必读书目；杨骞系统地提出数学"问题解决"研究并发表文章《数学"问题解决"研究概览》；李玉华进行了"数学问题解决课堂教学模式"的探索；张建良进行了"问题解决与创新思维能力的培养"的研究；曹培英老师以"小学数学问题解决的教学研究"为题进行了系列研究，提出了从小学数学教与学的实际来看，问题解决包括获取数学知识的问题解决和应用数学知识的问题解决的观点，并进行了实践探索。

在实验研究方面，郭新春老师的《小学生数学问题解决能力的培养研究》一文提出要培养学生的观察力、与他人合作解决问题的能力、表达解决问题过程的能力以及培养学生具有回顾与分析解决问题过程的意识等。冷少华老师根据小学生数学能力结构，构建小学数学问题解决能力结构，提出培养学生发现问题、提出问题、分析问题和解决问题的能力；同时将这四种能力细化成理解问题情境的能力，获取、概括相关信息的能力，变换数学问题的能力和数学直觉思维能力，等等。马杰在他的硕士论文《小学数学"问题解决"教学的设计与实验研究》中提出小学数学"问题解决"教学的设计模型并对其进行试验验证。

我国关于问题解决的研究主要是在具体学科中的运用，而在理论方面的研究借鉴国外的相对较多。对于一线教师而言，一方面，理论如山，难以转化为指导教学实践的操作步骤；另一方面是自己进行的教学实践，虽然能取得些进步，但是希望继续提高的时候又缺乏理论上的支撑。

三、 基于国内外专家和学者对问题解决的研究提出的研究设想

第一，借鉴国内外专家和学者的研究，根据我国《义务教育数学课程标准（2011 年版）》的要求，我们可以结合教学实践构建有数学特质的小学数学问题解决能力结构。

第二，结合一至六年级新修订版教材的编写意图和教学要求，根据不同的知识领域，结合学生的年龄特点和心理特点细化问题解决的基本能力。

第三，根据提出的各种基本能力，结合具体的课例，制定培养该能力的教学方法并进行验证。

第四，通过实践验证，提炼操作性强且切实有效的能力培养策略。

于是，我们从小学数学问题解决能力的构建和能力培养策略的提炼两个方面展开探索。

第三节　基本概念

一、 "问题解决能力" 与 "解决问题能力"

根据《义务教育数学课程标准（2011 年版）》在"问题解决"教学中的要求，依据人们解决问题时的思维顺序，问题解决能力分为发现问题能力、提出问题能力、分析问题能力和解决问题能力四个方面。"问题解决"不仅

是学生对已学知识的简单应用，它还承担着培养学生数学问题意识，提高学生问题解决能力的任务。所以说，问题解决能力是一项综合能力。

解决问题能力是问题解决能力这项综合性能力中的一个方面（见图1-1），是指学生面对现实问题时，通过前期的阅读、理解和分析后，运用策略解决问题的能力。

图1-1 问题解决能力与解决问题能力的关系

二、 小学数学问题解决能力

小学数学问题解决能力，是指小学生灵活运用自身数学知识和方法解决数学问题的能力，是小学生综合性的数学能力。它要求学生具备从纷乱的实际问题中获取有用的信息，抽象成数学问题，通过分析数量关系，用数学方法解决问题的能力。小学数学问题解决能力是学生数学素养、创新能力、应用能力的重要标志。

数学问题解决的过程中实际包含着多种数学的基本能力。2012年PISA在2003年PISA结果的基础上对数学基本能力进行了修订，认为其包含7种基本能力，分别是交流，表征，设计策略，数学化，推理和论证，使用符号化、形式化和技术的语言，运算、使用数学工具。

借鉴前人的研究基础，结合自身的教学实践，我们构建小学数学问题解决能力结构：以"小学数学问题解决能力"为一级能力，按照《义务教育数学课程标准（2011年版）》在"问题解决"教学中的要求，根据人们解决问题时的思维顺序提出二级能力"发现问题能力、提出问题能力、分析问题能力和解决问题能力"，结合教材教师用书中的教学建议、编写意图以及实际的教学实践，提出三级能力"阅图能力、信息筛选能力、数学语言表征能力、分析数量关系能力和空间能力、数学推理能力、计算与估算能力、数学结果检验与评价反思能力"，而数学思想方法贯穿于问题解决的全过程，如图1-2所示。

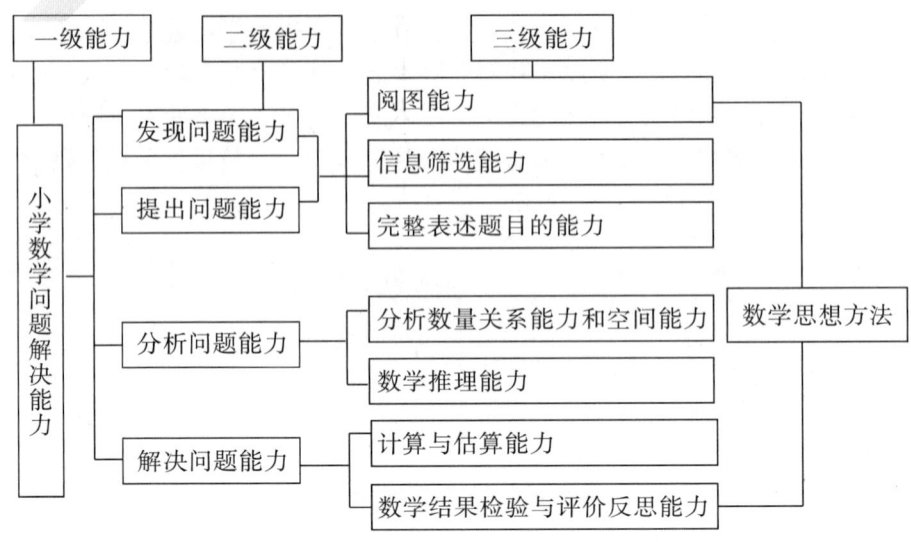

图 1-2　小学数学问题解决能力结构图

下面分别介绍这几种基本的数学能力。

阅图能力是指阅读生活情境图的能力。小学数学尤其是低年级的"问题解决"，通常以图文结合的生活情境图形式呈现，所以是否读懂情境图对于能否顺利解决问题至关重要。

信息筛选能力是结合生活情境图，从数学角度深入观察，对相关信息进行分析处理，从中筛选提炼与问题相关的有用的信息的能力。

数学语言表征能力是将实际生活中的问题用数学的语言表征的能力。它可以是语言表述，也可以用图画表征等。

《义务教育数学课程标准（2011 年版）》对于数学是这样定义的：数学是研究数量关系和空间形式的科学。不管是以前教学大纲提到的应用题教学还是现今课程标准提出的"问题解决"教学，教学专家都认为在"问题解决"这个知识领域里最重要的是培养学生分析数量关系的能力和空间能力。

数学推理能力贯穿于问题解决的全过程。《义务教育数学课程标准（2011 年版）》指出，推理是数学的基本思维方式，也是人们学习和生活中经常使用的思维方式。具有一定的推理能力是培养学生数学素养的重要内容，小学阶段的推理能力更多的是指逻辑推理能力。

计算与估算能力指学生分析问题后用计算或估算的方法解决问题的能力。

数学结果检验与评价反思能力指学生在用符号或数学表达式等运算后对解决问题的过程和结果进行检验的能力。

数学思想是对数学知识的本质认识、理性认识。数学方法一般是指用数学解决问题时的方式和手段。人们实现数学思想往往要靠一定的数学方法，而人们选择数学方法又要以一定的数学思想为依据。数学思想和数学方法是有紧密联系的，在表述数学思想和数学方法时很难把它们分清楚，所以表达时统称为数学思想方法。基本的数学思想有三个：抽象思想、推理思想和模型思想；基本的数学方法有分析法、综合法、画图法、列表法等。

第四节　研究方法

一、　测试法和访谈法

测试法是指在教学中制订测试题，通过学生完成测试题的情况分析了解学生对知识掌握情况的方法。PISA 和蔡金法教授的《中美学生数学学习的系列实证研究：他山之石，何以攻玉》一书的实证研究都采用了这种方法。

访谈法是一种面对面地倾听被访者心声，了解被访者对问题的看法，从与被访者的交谈中征集与研究相关资料的有目的的研究性活动。

为了及时了解教师教学的状况和学生对知识的掌握情况，本书采用了测试法和访谈法相结合的研究方法。学期初教师对教材中"问题解决"这个知识领域该着重培养学生的哪些能力进行分析，并制订相应的测试题，分别于学期初实施教学策略前、学期末实施教学策略后让学生完成该测试题（以下分别简称为"前测"和"后测"），教师对前后两次的测试情况进行整理、分析，最后对部分学生进行访谈，了解他们做题时的思维状态。通过两次测试、分析与访谈，了解学生相关能力的培养状况，进而分析能力培养方法的有效性。下面以四年级上册为例说明相关做法。

（一）　制订测试卷

四年级作为小学第二学段的起始年级，通过前面三年的培养，大部分学生已经初步具备发现问题的能力和提出问题的能力，掌握简单的分析问题的方法，能解决简单的涉及两步以内加、减、乘、除运算的生活问题。随着知识的加深，学生需要运用更多的方法分析问题和解决问题，所以这时候要加大力度培养学生分析数量关系的能力。四年级教材中以"问题解决"的形式出示的只有画长方形一个课例，着重培养学生的空间能力；正式以归纳整理的形式出现"单价×数量＝总价"的数量关系式；只要求学生感悟"速度×时间＝路程"的数量关系。于是我们结合学生所处的能力阶段以及教材的特点制订了下面的测试题。

"小学数学问题解决能力培养实践研究" 测试卷

1. 操作题：画一个边长为 4 厘米的正方形。

2. 扩大后的绿地面积是多少？

| 750 平方米 | 15 米 | 长不变，宽增加到 45 米。 |

3. 王老师带 1000 元去买足球，买了 24 个同样的足球，剩下 40 元。每个足球的价钱是多少？

4. 芳芳家今年前 3 个月的水费是 180 元。照这样计算，芳芳家今年的水费是多少元？

5. 小乐每分钟走 65 米，小红每分钟走 60 米。从家到学校小红比小乐多走 5 分钟，小红家离学校多少米？

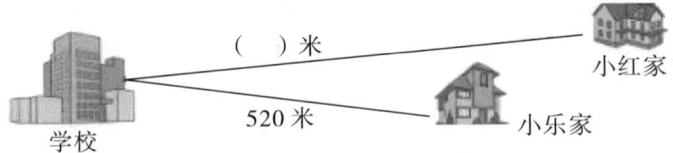

以上 5 道题，除了第 1 题是学生完全没画过的，其他 4 题都是在学生已经学过相关的简单一步计算的问题的基础上增加了难度的两步计算的问题。

（二）前测数据整理与分析

前测卷数据整理与分析结果如表 1-1 和表 1-2 所示。

表 1-1 "小学数学问题解决能力培养实践研究"四年级上册前测卷第 1 题数据

（人数：144）

题号	学生能力培养	完全正确		直角不规范		没标数据		画错数据		不会画	
		人数	%	人数	%	人数	%	人数	%	人数	%
1	空间能力、分析问题和解决问题的能力	25	17.4	52	36.1	30	20.8	27	18.8	10	6.9

表1-2　"小学数学问题解决能力培养实践研究"　四年级上册前测卷第2~5题数据

（人数：144）

题号	学生能力培养	完全正确		思路正确		会第一步		列式错误		不会做	
		人数	%	人数	%	人数	%	人数	%	人数	%
2	空间能力、分析问题和解决问题的能力	8	5.6	3	2.1	5	3.5	91	63.2	37	25.7
3	分析数量关系的能力（总价÷数量＝单价）	20	13.9	9	6.3	8	5.6	72	50.0	35	24.3
4	分析数量关系的能力（综合法、分析法）	51	35.4	3	2.1	12	8.3	63	43.8	15	10.4
5	分析数量关系的能力（速度×时间＝路程）	8	5.6	1	0.7	3	2.1	78	54.2	54	37.5

第1题：学生学过正方形的特征以及画直角的方法，对正方形比较熟悉但未动手画过。从题目的完成情况看，有17.4%的学生能借助直尺（三角尺）解决问题；有75.7%的学生尝试解决问题，虽不能完全正确，但都具备一定的空间能力、分析问题和解决问题的能力；有6.9%的学生完全没有尝试解题。

第2题：学生已经学习了长方形的面积，清楚要求长方形的面积必须知道长方形的长和宽。以往大多数题目是提供了长和宽让学生直接计算，也有部分题目直接给了长（宽），并间接给出宽（长），让学生用两步计算解决问题，但这种题目相对比较少而且多数以文字信息呈现。而这道题以图文结合形式呈现，除了考查学生分析问题的能力，还考查学生的阅图能力、完整表述题目等能力的掌握情况。而且这道题数据过大，学生还没掌握相关的计算方法也给题目增加了难度。从学生的完成情况看，有5.6%的能力较强的学生能正确分析问题并解决问题；有2.1%的学生解题思路正确但计算错误；有3.5%的学生能正确求出长方形的长；有63.2%的学生尝试解决问题但不能正确理解题目；有25.7%的学生不会做。

第3题：该题是关于单价、数量和总价的稍复杂的两步计算题，学生在二、三年级虽有接触，但都是比较简单的一步计算的题目。从题目的完成情况看，有13.9%的学生具备较强的分析数量关系的能力，能正确解答；有6.3%的学生解题思路正确；有74.3%的学生不能正确分析数量关系。

第4题：这种题型学生以往有所接触，学生能根据题目信息运用综合法（或分析法）分析问题并解答。从题目的完成情况看，有37.5%的学生能正确分析数量关系，其中35.4%的学生解答完全正确。

第 5 题：该题的数量关系未正式归纳且学生以往没有解答这类题目的经验，所以只有 5.6% 的学生能正确解答。

综上所述，四年级的学生具备一定的分析问题和解决问题的能力，但仅限于以往比较熟悉的题目，这种题完成情况比较好；但对于稍复杂的需两步或两步以上计算的，且以往未接触的题目则大部分学生不懂分析，所以分析数量关系的能力和解决问题的能力仍需加强。同时，在解决问题教学的过程中未能养成良好的解题习惯，如圈画关键字、正确寻找单位名称、完整作答等。

（三）前测卷访谈

我们选择比较有代表性的第 2 题，分别对答题"完全正确""思路正确""会第一步""列式错误""不会做"五种情况的学生进行访谈，了解学生解题时的思维状况。以下是对访谈情况整理后的记录。

四年级上册前测卷第 2 题访谈情况记录整理

访谈提纲：

1. 你明白题目的意思吗？请说说题目提供的信息和提出的问题。

2. 请把你解题的过程说一说（或请说说你是怎样想的）。

第一种情况：完全正确（8 人）

2. 扩大后的绿地面积是多少？

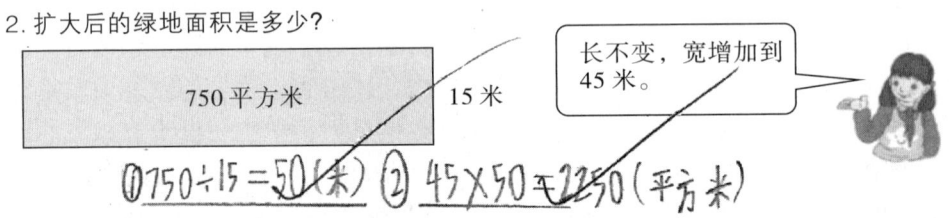

访谈记录整理一：

我们学过长方形的面积计算，要求长方形的面积需要知道它的长和宽，图形给了长方形的面积 750 平方米和宽 15 米，用 750 除以 15 就能求出长了。扩大后长不变，宽增加到 45 米，所以用求出来的长和增加后的宽 45 相乘就可以算出扩大后的面积了。

问：$750 \div 15$ 还没有学过，你是怎么算的？

生 1：我把它变成 $750 \div 5 \div 3$ 就能算出来了。

生 2：我知道 $15 \times 5 = 75$，那 $75 \div 15 = 5$，所以 $750 \div 15 = 50$。

分析：这种题型学生都没有见过，但是这 8 位学生明显能读懂题目的意思，具备较强的分析问题的能力。接着利用学过的求长方形面积的知识，通过题目已知的信息面积和宽求出长，最后求出扩大后绿地的面积。对于没有学过的除法计算，学生能将它转化成已经学过的知识来解决问题，说明其具备较强的解决问题的能力。

第二种情况：思路正确，不会计算（3 人）

2. 扩大后的绿地面积是多少？

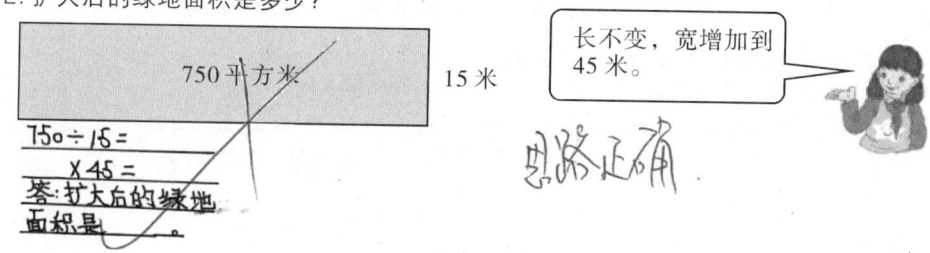

访谈记录整理二：

要求长方形的面积就必须知道它的长和宽，现在知道扩大后的宽是 45 米，所以就要找到长。根据图形上的面积 750 平方米和宽 15 米，可以求出长，再用算出来的长乘宽就可以求出扩大后的面积了。但是 $750 \div 15$ 的计算还没有学过，所以只能这样写了。

分析：学生能读懂题目的意思，知道解决这道题的思路，具备较强的分析问题的能力，有一定的解决问题的能力。

第三种情况：会做第一步（5 人）

2. 扩大后的绿地面积是多少？

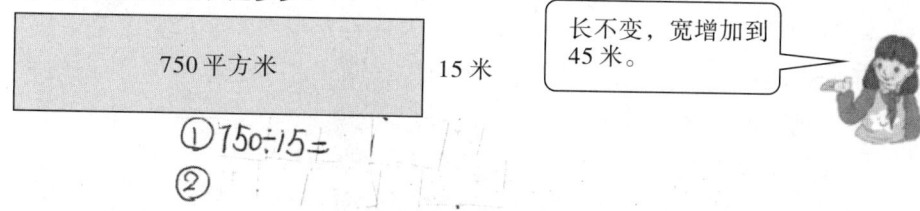

2. 扩大后的绿地面积是多少？

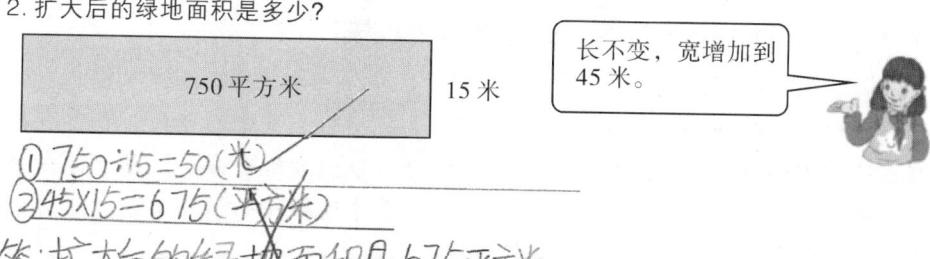

访谈记录整理三：

1. 知道长方形的面积＝长×宽，宽增加到 45 米，但长是多少不知道，要用图形的面积除以宽算出来，因为不会计算所以没有写第二步。

2. 第一步的想法与上述相同，第二步说不出原因。

分析：学生具备一定的分析问题和解决问题的能力，能利用题目提供的已知信息面积和宽求出长。第二位学生对于扩大后绿地的"长不变，宽增加到 45 米"这个信息没能理解，第二步的列式明显是概念混乱了。

第四种情况：列式错误（91 人）

2. 扩大后的绿地面积是多少？

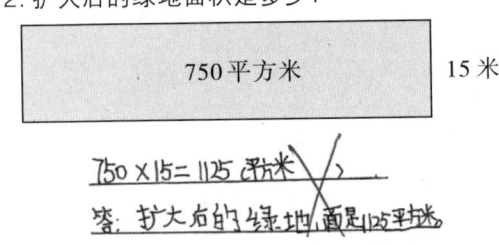

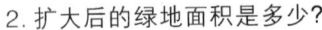

2. 扩大后的绿地面积是多少？

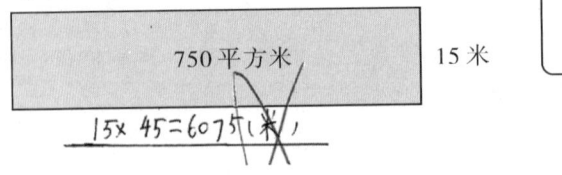

访谈记录整理四：

这两种情况的学生表示没看懂题目，记得长方形的面积是长乘宽，所以随便把两个数乘起来。

第五种情况：不会做（37 人）

访谈记录整理五：

看不懂，不明白题目的意思，不会做。

第四、第五种情况分析：学生对没见过的题型不懂得根据已知信息进行分析，分析问题的能力和解决问题的能力都比较弱。

访谈情况小结：

大部分同学即使学过相关知识，但只要是面对未见过的题型，或者题目给出的信息比较多的情况时，就不懂得根据所求问题逐一分析，可见学生分析问题的能力，尤其是对需要两步或两步以上才能解决的问题的分析能力比较欠缺，需要在后续的教学中加强。

为了得到比较真实的数据，我们要求教师不能对本次测试相关题目进行讲解，学生对题目完成情况只为研究所用，不作为任何评价学生和教师的依据。

（四）后测数据整理与分析

后测卷数据整理与分析结果如表 1－3 和表 1－4 所示。

表 1－3 "小学数学问题解决能力培养实践研究"四年级上册后测卷第 1 题数据

（人数：144）

题号	学生能力培养	完全正确		直角不规范		没标数据		画错数据		不会画	
		人数	%	人数	%	人数	%	人数	%	人数	%
1	空间能力、分析问题和解决问题的能力	112	77.8	28	19.4	3	2.1	1	0.7	0	0

表 1－4 "小学数学问题解决能力培养实践研究"四年级上册后测卷第 2～5 题数据

（人数：144）

题号	学生能力培养	完全正确		思路正确		会第一步		列式错误		不会做		两种方法	
		人数	%	人数	%	人数	%	人数	%	人数	%	人数	%
2	空间能力、分析问题和解决问题的能力	116	80.6	9	6.3	6	4.2	6	4.2	7	4.9	10	6.9
3	分析数量关系的能力（总价÷数量＝单价）	110	76.4	7	4.9	7	4.9	16	11.1	4	2.8	0	0
4	分析数量关系的能力（综合法、分析法）	114	79.2	12	8.3	10	6.9	7	4.9	1	0.7	6	4.2
5	分析数量关系的能力（速度×时间＝路程）	70	48.6	15	10.4	16	11.1	29	20.1	14	9.7	0	0

第 1 题：通过学习，绝大部分学生都能掌握正方形的画法。其中 77.8% 的学生会正确画正方形；19.4% 的学生直角符号不规范；2.1% 的学生没养成良好的学习习惯，画完没有在图形上标数据。

第 2 题：80.6% 的学生会做且完全正确，其中有 10 人能用两种方法且解答正确；6.3% 的学生解题思路正确；4.2% 的学生会第一步；仍有 9.1% 的学生完全没有掌握。

第3题：这道题需要学生明确王老师带的 1000 元分成两部分，一部分是买足球用去的，另一部分是剩下的 40 元。要求每个足球多少元，必须算出买足球共用了多少元。76.4% 的学生能正确解答；仍有 20 个学生不能理解题意，未能正确解答，占总人数的 13.9%。

第4题：这道题需要学生根据前两个信息求出每个月的水费，再求出芳芳家今年（12 个月）的水费。有 79.2% 的学生能正确解答，但仍有 5.6% 的学生完全解答错误。在正确解答的 114 人中有 6 位学生能用两种方法且解答正确。

第5题：学生还没学过相关的数量关系，以图文结合的形式呈现增加了题目的难度。正确解答的学生由原来的 8 人增加到现在的 70 人，但仍有43 人未能理解题目。

通过一个学期的学习，学生分析问题和解决问题的能力都有了较大的提高，前 4 题完成情况较好，但仅限于以往比较熟悉的题目，对于少接触的题目则不懂分析。所以分析数量关系的能力和解决问题的能力仍需在以后的教学中继续加强。

（五）后测卷访谈

四年级上册后测卷第 2 题访谈情况记录整理

访谈提纲：

1. 你明白题目的意思吗？请说说题目提供的信息和提出的问题。

2. 请把你解题的过程说一说（或请说说你是怎样想的）。

第一种情况：完全正确（116 人，且其中有 10 人能用两种方法解答）

2. 扩大后的绿地面积是多少？

方法①：750÷15=50（米）✓
45×50=2250（平方米）
答：扩大后的绿地面积是 2250（平方米）。

方法②：45÷15=3
750×3=2250（平方米）
答：扩大后的绿地面积是 2250 平方米。

访谈记录整理一：

我们学过长方形的面积计算，要求长方形的面积需要知道它的长和宽，图形给了长方形的面积 750 平方米和宽 15 米，用 750 除以 15 就能求出长了。

扩大后长不变，宽增加到 45 米，所以用求出来的长和增加后的宽 45 相乘就可以算出扩大后的面积了。

追问：你用了两种方法，说说第二种方法你是怎么想的？

生：我是利用了学过的知识"一个因数不变，另一个因数乘（或除以）几（0 除外），积也乘（或除以）几"。第一步 $45 \div 15 = 3$，宽乘 3，面积也应该乘 3，所以 $750 \times 3 = 2250$（平方米）。

分析：这些学生能读懂题目的意思，有较强的分析问题的能力，并能从多角度思考解决问题。除了能利用以前学过的长方形的面积知识，求出扩大后绿地的面积外，还能利用本学期学过的知识解答，懂得学以致用，有较强的多角度思维的能力。

第二种情况：思路和列式正确，计算或单位错误（9 人）

2. 扩大后的绿地面积是多少？

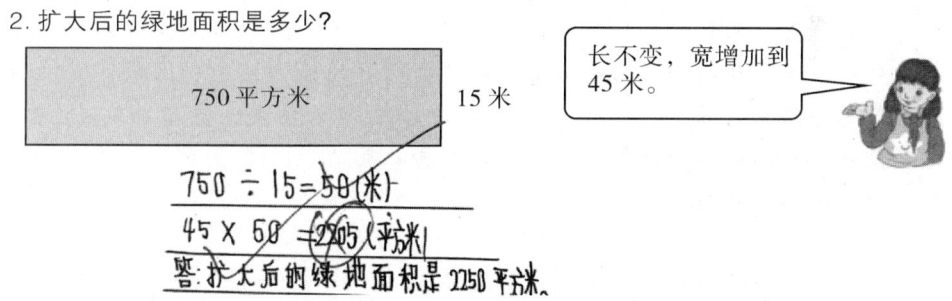

2. 扩大后的绿地面积是多少？

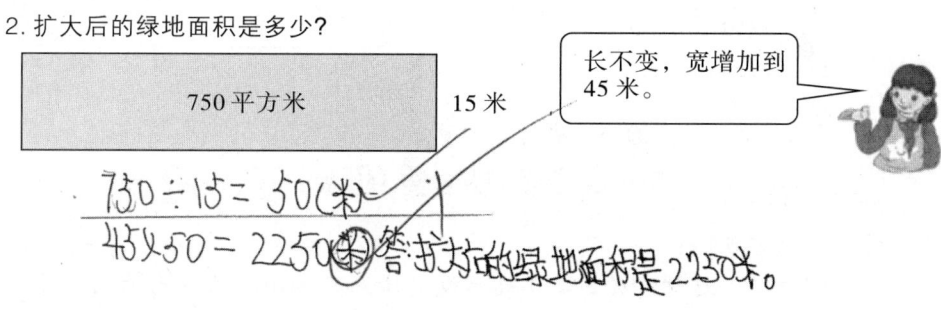

访谈记录整理二：

要求长方形的面积就必须知道它的长和宽，现在知道扩大后的宽是 45 米，所以就要找到长，根据图形上的面积 750 平方米和宽 15 米，可以求出长，再用算出来的长乘宽就可以求出扩大后的面积了。但是 45×50 数据比较大，粗心了，计算（单位）错误。

分析：学生能读懂题目的意思，知道解决这道题的解题思路，具备较强的分析问题的能力，有一定的解决问题的能力，但没有良好的检查习惯，容易导致计算、单位出错。

第三种情况：会第一步（6人）

2. 扩大后的绿地面积是多少？

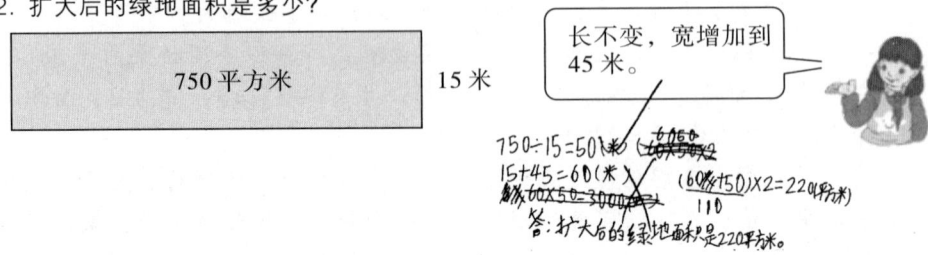

750平方米 15 米

长不变，宽增加到
45 米。

750÷15=50（米）
15+45=60（米）
60×50=3000
答：扩大后的绿地面积是220平方米。

访谈记录整理三：

知道长方形的面积＝长×宽，宽增加到 45 米，但长是多少不知道，要用图形的面积除以宽算出来。长算出来后就弄不清楚哪个是宽了，还将周长计算公式错记成面积计算公式。

分析：学生具备一定的分析问题和解决问题的能力，能利用题目提供的已知信息面积和宽求出长；对于扩大后绿地的"长不变，宽增加到 45 米"这个信息没能理解，导致第二步列式时概念混乱。

第四种情况：列式错误（6人）

2. 扩大后的绿地面积是多少？

750平方米 15 米

长不变，宽增加到
45 米。

750 × 45＝1375（米）
答：扩大后的绿地面积是1375米

访谈记录整理四：

与前测一样，这种情况的学生表示没看懂题目，记得长方形的面积是长乘宽，所以随便把两个数乘起来。

第五种情况：不会做（7人）

访谈记录整理五：

看不懂，不明白题目的意思，不会做。

第四、第五种情况分析：学生对已经学过的题型不理解，不懂得根据已知信息进行分析，分析问题和解决问题的能力都比较弱。基础知识不够扎实，学习的信心不足，都是主因。

访谈情况小结：

学期初，学生只学过长方形的面积计算，所以只会利用长方形的面积公式，通过面积和宽的数据求出长。学期末，学生除了继续巩固长方形的面积公式外，小部分学生还能利用本学期学过的"因数与积的关系"知识来解决问题，计算的准确率也比学期初高了。

（六）前测与后测数据对比

四年级上册前测卷与后测卷数据对比如表 1－5 和表 1－6 所示。

表 1－5　"小学数学问题解决能力培养实践研究"四年级上册
前测与后测第 1 题数据对比一览表

（人数：144）

题号	学生能力培养	完全正确		直角不规范		没标数据		画错数据		不会画	
		前测	后测	前测	后测	前测	后测	前测	后测	前测	后测
1	空间能力、分析问题和解决问题的能力	25	112	52	28	30	3	27	1	10	0

表 1－6　"小学数学问题解决能力培养实践研究"四年级上册
前测与后测第 2～5 题数据对比一览表

（人数：144）

题号	学生能力培养	完全正确		思路正确		会第一步		列式错误		不会做		两种方法	
		前测	后测	前测	后测	前测	后测	前测	后测	前测	后测	前测	后测
2	空间能力、分析问题和解决问题的能力	8	116	3	9	5	6	91	6	37	7	0	10
3	分析数量关系的能力（总价÷数量＝单价）	20	110	9	7	8	7	72	16	35	4	0	0
4	分析数量关系的能力（综合法、分析法）	51	114	3	12	12	10	63	7	15	1	0	6
5	分析数量关系的能力（速度×时间＝路程）	8	70	1	15	3	16	78	29	54	14	0	0

四年级上册第 2 题前测与后测数据对比如图 1 – 3 所示。

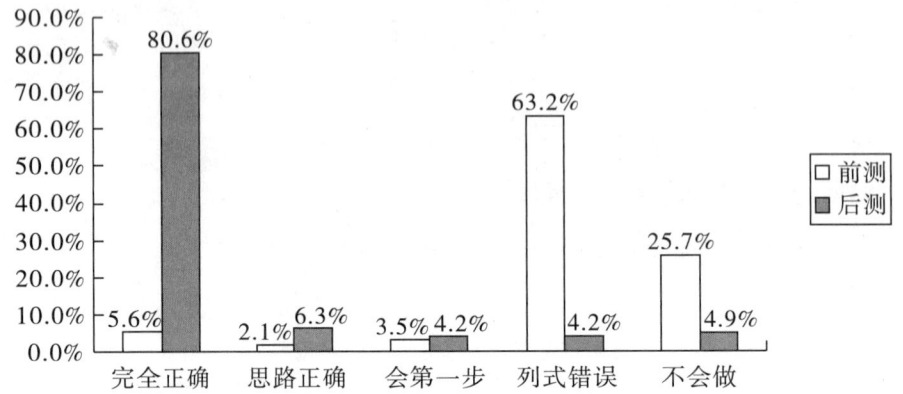

图 1 – 3 "小学数学问题解决能力培养实践研究"四年级上册第 2 题前测与后测数据对比图

（七） 结论与建议

1. 结论

（1）绝大部分学生通过一个学期的学习，分析数量关系的能力有了不同程度的提高，能正确分析问题并解决问题。

（2）学生分析问题的能力和解决问题的能力发展存在较大的差异。前测的数据分析显示，五道题的平均完全正确率约为 15.6%，说明这 15.6% 的学生具备比较强的分析问题和解决问题的能力；后测的数据分析显示，五道题中，"画错数据""不会画""列式错误"和"不会做"的平均占比约为 11.8%，说明这 11.8% 的学生分析问题和解决问题的能力特别弱。

（3）学生分析问题的能力对以下两种情况的题目表现比较弱：一是数量关系比较复杂的题目或者呈现信息比较多的题目，二是对于未接触过的解决步骤为两步或两步以上的题型，学生不懂得根据所求问题逐一分析。

2. 建议

基于以上的结论，提出以下培养分析问题和解决问题能力的方法。

（1）教师要落实课本每道例题的作用，充分发挥例题的指导作用。

（2）根据不同类型的题目教会学生分析问题的方法，如画图法、分析法和综合法等，提高学生分析数量关系的能力。

（3）让学生多接触新题型，积累更多分析问题和解决问题的经验，培养学生分析问题和解决问题的能力。

二、 课堂观察法

课堂观察法是指研究者或者观察者带着明确的目的，凭借自身感官（如眼、耳等）及相关辅助工具（观察表、录音录像设备等），直接或间接从课堂情境中收集资料，并依据资料做相应研究的一种教育科学研究方法。

在本书中，我们分"课前—课中—课后"三个阶段，采用测试法和课堂观察法相结合的方法对课堂教学进行研究。通过课堂观察，了解现实课堂教学中学生问题解决能力的现状和教师对问题解决能力培养的教学状态；通过课前和课后的测试，体验课堂的实际过程与效果；据此在分析学生学习心理、学习特点和影响学习因素的基础上探究问题解决能力培养的策略。

（一） 课堂观察前期准备

1. 确定观察主题

现代教学理论认为：教学过程既是学生在教师指导下的认知过程，又是学生能力的发展过程。因此教师要彻底摒弃和摆脱传统的"填鸭式"教学，把主要精力放在为学生创设学习情境、提供信息、引导学生积极思考上，且关键是增强学生的参与意识，提高学生的课堂参与度。

一节高效的课堂必须遵循三个原则：一是明确教学目标；二是让学生积极参与教学活动；三是当堂检测、反馈和巩固。可见，提高学生的课堂学习参与度是提高课堂教学效果的有效途径之一。

因此我们将课堂观察主题确定为"学生学习参与状态对课堂教学效果的影响"。

2. 撰写教案

（1）教学内容：用"进一法"和"去尾法"解决问题（简案）。

（2）教学目标。

①结合具体情境，引导学生结合实际情况探究用"进一法"和"去尾法"求商的近似值。

②让学生参与解决实际问题的全过程，体会求商的近似值的应用价值。

③培养学生灵活解决问题的能力，体会数学与生活的密切联系。

（3）教学过程。

环节一：谈话导入，开门见山引入新课教学。

环节二：探究新知，对比取商近似值的方法。

①探究用"进一法"解决问题。

②探究用"去尾法"解决问题。

③对比两种求商方法的异同。

环节三：巩固应用，提升思维的灵活性。

环节四：全课总结，归纳总结提升能力。

（二）课堂观察过程

1. 课前会议

（1）谭蔼瑜老师说课。

①教材分析。

根据教材内容编排的内在逻辑联系分析，用"进一法"和"去尾法"求商的近似值是在学生学习了小数除法和四舍五入法的基础上展开的。本节课的"问题解决"是根据实际需要用"进一法"或"去尾法"取商的近似值，教材分别安排了两道例题进行教学。由于这两道题算出的结果都是小数，而需要准备的瓶子和包装的礼品盒都必须是整数，因此都要取这些结果的近似值。教学时，我主要呈现生活情境，提供生活信息，让学生在收集、整理数学信息的过程中发现并提出问题，分析问题中的数量关系，解决问题时让学生结合实际情况灵活选择"进一法"或"去尾法"。

②学情分析。

在学习本节课之前，学生已经掌握了小数除以整数、小数除以小数以及用四舍五入法求商的近似值的相关知识。本节课注重培养学生能根据具体情况灵活选用"进一法"和"去尾法"来解决生活中的问题。学生在三年级学习有余数的除法时曾经接触过类似的题目，但只是初步感悟，教材并未正式出现"进一法"和"去尾法"的提法。故此教学时需要教师适时点拨，进行有效的指导，让学生在"进一法"和"去尾法"的对比中进行理解，接着通过自主思考、合作交流，加深学生对解决问题方法的灵活选择。

③教学目标（见教案）。

④教学流程。

本节课主要分四个环节进行。

第一环节：回顾前阶段学习的小数除法——求商的近似数，谈话引入新课的教学。

第二环节：分两个阶段，第一阶段自主学习例10（1），探究用"进一法"解决问题；带着问题学习例10（2），探究用"去尾法"解决问题。第二阶段通过两道例题的对比，加深学生对用"进一法"和"去尾法"求商的近似值的理解。

第三环节：通过课本的两道练习题以及教师补充的一组习题，帮助学生进一步体会用"进一法"和"去尾法"求商的近似值的实用价值，提高学生思维的灵活性。

第四环节：引导学生对本节课学习的知识和方法进行总结，使学生对用"进一法"和"去尾法"解决生活中的问题有更深刻的认识。

（2）谭老师和观察者的交流。

谭老师：低年级学生在课堂上比较活跃，所以观察他们的学习参与状态相对比较容易。现在我们面对的是高年级学生，他们在课堂上相对比较安静，要看出他们是否参与到课堂的各个环节中有点难度。

董老师：有难度但并不是不能做到。学生参与与否其实还是可以从他们的神情和状态中看出来的。如从在老师讲解时和同学回答问题时的倾听状态，老师提问题时是否举手，同桌交流和小组讨论时是否发言等都可以看出来。由于学生人数比较多，所以我们要考虑的是如何观察比较有效。

吴老师：我觉得我们可以分列进行观察，每位老师负责观察一列学生（5~6人），全班学生共45人，那需要8位负责观察的老师。

谭老师：课堂教学效果如何体现？

陈老师：可以根据这节课的知识点在课前和课后制订出测试题让学生完成，从完成情况中了解学生对知识的掌握情况。

何老师：其实学生在三年级学习有余数的除法时就已经接触过"进一法"和"去尾法"了，只不过那时候没有明确指出这就是"进一法"和"去尾法"。我觉得可以将三年级的题目作为前测题，一方面唤起学生对用"进一法"和"去尾法"解决问题的记忆，另一方面也让他们将这种方法迁移到新知识中。

卢老师：后测题就出本节课需要学生掌握的用"进一法"解决的问题和用"去尾法"解决的问题各一题。前测题和后测题的批改和数据统计就请董老师和何老师两位老师来负责。

（3）确立的观察点。

①"学生学习参与状态"的观察，由方慧、卢艳萍、吴海文、邓韵斐、胡丽兴、陈翠燕、何瑛、卢映芬等老师负责。

②前后测卷的收发、批改与统计，由董杰玲、何素云两位老师负责。

2. 课中观察

（1）观察工具。

学生参与状态的观察记录表如表1-7所示。

表1-7 学生参与状态的观察记录表

教学环节	导入		新授过程					练习巩固						总结		
教学内容	情境导入		例10(1)			例10(2)			例题对比			习题1			习题2			习题3			回顾总结

学生参与状态	A	B	C	A	B	C	A	B	C	A	B	C	A	B	C	A	B	C	A	B	C	A	B	C
观察对象1																								
观察对象2																								
观察对象3																								
观察对象4																								
观察对象5																								
观察对象6																								

记录说明：

①参与状态说明：A 积极参与；B 被动参与；C 完全不参与。

②根据学生的参与状态在相应的表格中打"√"。

（2）观察位置如图1-4所示。

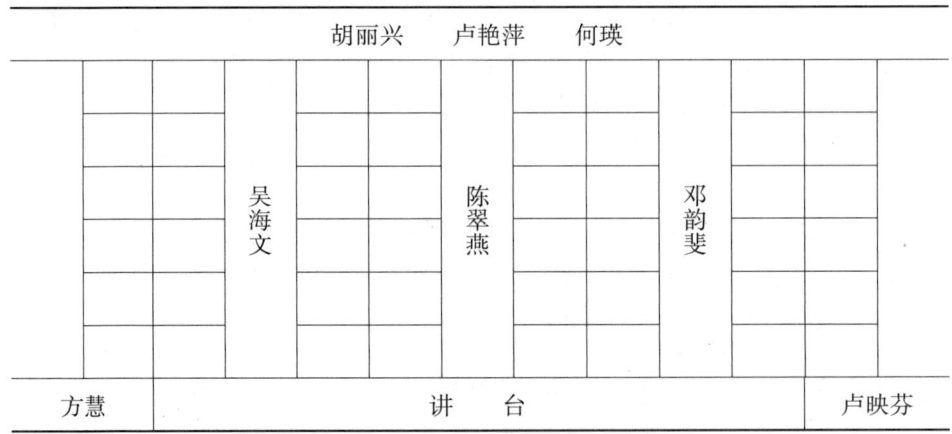

图1-4 位置布置

（3）观察过程。

课前：董老师发放前测卷让学生完成并回收批改、统计。

课中：各位观察老师坐在布置好的相应观察位置观察并记录，有一台摄像机对教学过程进行全程录像。

课后：何老师发放后测卷让学生完成并回收批改、统计。各位观察老师汇总观察情况，并进行简单的对话交流。

3．课后会议

（1）课后反思和观察报告。

①谭蔼瑜老师的课后反思。

我主要谈两点：一是例题教学时的处理。这节课的重点是让学生在取商的近似值时，根据具体情况确定是"舍"还是"入"。所以教学例 10（1）时，我启发学生思考"6 个瓶子能装下 2.5 千克香油吗"，让学生理解这里要"进一"的原因；教学例 10（2）时，我引导学生思考"包装 17 个礼盒够不够时应该用什么方法取商的近似数"，尽可能地让学生理解实际需要，让学生感受解决问题的现实意义。最后引导学生用自己的语言小结：一般情况下，用四舍五入法取商的近似值，但在实际问题中要根据实际需要选择不同的方法取商的近似数。二是每学习一道例题后，让学生说一说在生活中有哪些问题需要用"进一法"来解决，哪些问题要用"去尾法"来解决，尽可能让学生联系生活实际，去感受这些方法的实际意义，增强学生应用这些方法去解决问题的自觉性。

②"学生学习参与状态"观察小组的报告。

陈老师：我们主要从教学例 10 两道例题时的教师讲授、师生对话，两种取值方法对比时学生的小组讨论，巩固练习时学生完成习题的状态和教师讲解、同伴汇报解题方法时学生的倾听情况进行观察。通过 8 位观察老师倾听、观察和巡视以及相互之间短暂的交流，数据汇总如表 1－8 所示。

表 1－8　观察数据汇总

参与状态	人数/人	占全班人数百分比/%
积极参与	43	95.6
被动参与	2	4.4
完全不参与	0	0

备注：积极参与包括两种，一是每次教师提问时都能积极举手，小组讨论时积极发言；二是教师提问题不一定举手，但从学生的神情观察和堂上练习情况判断能参与到学习当中。被动参与是指上课不举手发言，小组讨论时需要提醒。完全不参与是指上课不举手，处于游离状态，小组讨论不发言。

③前测卷和后测卷完成情况统计报告。

前测卷

1．22 个学生去划船，每条船最多坐 4 人，他们至少要租几条船？

2. 小丽有 10 元钱，一个面包 3 元，最多能买几个面包？

表 1 - 9   前测卷完成情况统计

题号	人数与占比	正确情况	错误情况			
			不会列式	计算错误	不会正确取值	其他
1	人数/人	38	0	2	2	3
	百分率/%	84.4	0	4.4	4.4	6.7
2	人数/人	40	1	1	2	1
	百分率/%	88.9	2.2	2.2	4.4	2.2

　　从表 1 - 9 的数据分析可知，全部学生都能掌握第 1 题的数量关系，只有 1 人对第 2 题的数量关系不理解。两道题一共有 4 人次不会正确取值。其他的 4 人次主要是单位或答出错。可见，大部分学生对于三年级学习的有余数的除法并用"进一法"和"去尾法"取近似值的知识掌握得还是比较扎实的。这对于学生顺利将这种取值方法迁移到本课的学习、掌握本课的知识有很大的帮助。

后测卷

1. 有 11 米的布，做儿童套装，每套用布 2.5 米，能做多少套？
2. 有 11 吨的煤，用载重 2.5 吨的小车运，需运多少车？

表 1 - 10   后测卷完成情况统计

题号	人数与占比	正确情况	错误情况			
			不会列式	计算错误	不会正确取值	其他
1	人数/人	38	0	3	3	1
	百分率/%	84.4	0	6.7	6.7	2.2
2	人数/人	35	0	5	4	1
	百分率/%	77.8	0	11.1	8.8	2.2

　　从表 1 - 10 的数据分析可知，全部学生都能掌握这两道题的数量关系。第 1 题有 3 人不会正确取商的近似值，认为能做 4.4 套。第 2 题有 4 人不会正确取商的近似值，其中 2 人直接认为需运 4 车，有 2 人认为需运 4.4 车。"其他"的 2 人主要是书写习惯不规范导致错误。总体上看，大部分学生对

于本次用"进一法"和"去尾法"取商近似值的知识掌握情况还不错，但从中也暴露了学生对小数除法计算掌握不够牢固的问题。

（2）观察结论和建议。

①学生在课堂教学中的参与状态直接影响了课堂教学效果。本节课学生在课堂上的学习参与度达95.6%，从学生前测和后测中的数据可知，教学效果还是不错的。大部分同学能根据实际情况正确取商的近似值，能灵活地利用所学知识解决生活中的实际问题。通过对后测卷不能正确取近似值的学生的访谈：第2题认为"需运4车"的2位同学主要是受之前学习的"四舍五入法"取近似值的定式影响，而另外有5位同学则是未能正确分清哪一种情况需用"进一法"，哪一种情况需用"去尾法"。建议进行课堂观察时观察者的分布以小组为单位（座位附近的4~5人）比较合理，这样不但方便观察，同时也比较容易了解学生课堂上练习的掌握情况。另外，在观察位置图上标明学优生和学困生，以方便教师进行课堂观察。

②设计前测和后测试题是了解课堂教学效果的有效方法。课前找准新授知识的衔接点和增长点是准确设计前测题的基础，本节课设计的前测题"用有余数的除法解决问题"的两道题不但唤起学生对用"进一法"和"去尾法"解决问题的记忆，同时也让绝大部分同学将这种方法顺利迁移到新知识中。

③本次课堂观察的维度只定在学生参与度方面，比较单一，增加教师教学行为的观察会更有价值。另外以"学生学习参与状况"作为课堂观察点比较简单，应该结合高年级知识的特点、学生的心理特点和能力状况以及本课题的研究的需要，选取恰当的课例，设计多方面、多维度的观察点，如学生对信息的处理、对数量关系的分析、对问题的解决等能体现学生能力提升方面的观察点。当然，这还需要我们以后投入更多的时间进行探索。

第五节　研究设定

一、 研究目的

《义务教育数学课程标准（2011年版）》颁发后，由于教材在"问题解决"这个知识领域变动比较大，故近年来有较多的学者和前辈投入这一模块的研究，但大多数是在小学数学人教版教材改版前（2014年前），针对新修订版教材的研究相对比较少。这是本书研究的缘由之一。关于小学数学问题解决能力结构的构建，郭新春老师和冷少华老师也做了相关的研究，并取得了比较丰富的、值得借鉴的成果。2012 年 PISA 提出的 7 种数学基本能力针对的是 15 岁的学生。而对于一线教师的我们，把最多的时间都花在课堂上，看得最多的书籍就是教材和配套的教师用书。我们是否可以借鉴前辈的研究成果，根据小学生的年龄特点、心理特点，结合新修订版教材、教师用书中提到的各种能力以及教师自身的教学实践，细化小学数学问题解决能力并探索这些能力的培养策略呢？这是本书研究的缘由之二。

本书研究立足新教材，是以课例为载体的实践研究，得到的能力培养策略对于一线教师的课堂教学有一定的实践参考意义。但是本书提出的能力结构是否科学、是否具备理论价值还需要更进一步地深入研究。所以严格来说这只是一个有限的研究。

二、 研究思路

本书的研究思路如图 1 – 5 所示。

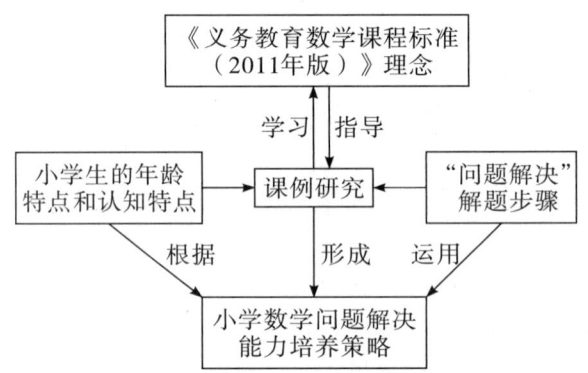

图 1 – 5 "小学数学问题解决能力培养实践研究"研究思路

学习《义务教育数学课程标准（2011 年版）》的理念，用理念指导课堂教学。从"数与代数""图形与几何"两个知识领域中选取典型课例进行课例研究和课堂观察，根据小学生的年龄特点和认知特点，运用"问题解决"解题步骤，一方面提出问题解决能力结构并对能力结构进行验证、修正、调整和完善；另一方面通过课例研究，探索小学数学问题解决能力培养策略。

小学数学人教版教材在"问题解决"知识领域的题目中增加了解决问题的三个步骤。一、二年级的解题步骤为"图中有什么（知道了什么）""怎样解答""解答正确吗"，三个步骤界限比较分明，"图中有什么（知道了什么）"着重培养学生发现问题和提出问题的能力，后面两个步骤培养学生分析问题和解决问题的能力。根据学生思维和语言能力的发展水平，从三年级上册开始教材使用比较概括、简练、准确的语言提出三个步骤"阅读与理解""分析与解答""回顾与反思"，以此培养学生使用简洁的语言进行表达和交流的能力。那么，这三个步骤承担着哪些任务？在教学中又该如何把握呢？本章结合具体的课例着重阐述这两个问题。

第一节　阅读与理解

一、案例

本节讨论的案例是小学数学三年级下册第84页例3"计算简单的经过时间"一课。教材紧密联系生活实际，以解决问题的形式创设了一个"知道出发时刻和到达时刻，求到奶奶家要坐多长时间火车"的实际问题。教师教学时出示了解决问题的一般步骤，鼓励学生个性化分析和解答问题，呈现了学生提出的三种方法：拨钟面、利用普通计时法分段计算以及运用24时计时法进行计算，接着对这三种方法给予肯定，同时通过比较和分析进行优化。教师的教学思路清晰，教学方法比较恰当，整个新知探究环节也比较流畅。但是当学生在完成"练习十八"第4题（见图2－1）的第2小题"一天共营业多长时间？"时却发现有比较多的学生未能正确解答此题。这部分学生把11:00看作开始时刻，20:30看作结束时刻，算出一天的营业时间是9小时30分钟。是什么原因使学生出现这种错误呢？下面回顾教师在"阅读与理解"这一环节的教学。

4.

（1）春风饭馆晚上的营业时间是
从下午＿＿＿＿到晚上＿＿＿＿。

（2）一天共营业多长时间？

（3）你能提出其他数学问题并解
答吗？

图 2 - 1　数学三年级下册第 85 页"练习十八"第 4 题

师：从题目知道了什么信息？要求什么问题？

生 1：知道春风饭馆的营业时间是中午 11：00—14：00，下午 17：00—
20：30。

生 2：第一个问题要将下午的营业时间从 24 时计时法转化成普通计
时法。

生 3：第二个问题要求一天共营业多长时间。

生 4：还让我们提出其他的数学问题并解答。

师：会解决吗？

生齐：会。

（学生独立完成）

二、反思

从以上教师的教学来看，导致学生出错的原因是"阅读与理解"这一环
节的作用未发挥到位。很明显，这一环节除了让学生明确信息和问题外，还
必须让他们明确春风饭馆的营业时间分中午和下午两段时间，一天的营业时
间需要分两段计算。虽然学生审题时有提到"春风饭馆的营业时间是中午
11：00—14：00，下午 17：00—20：30"，但是，这纯粹是按字面宣读而已，学
生未必真正理解。所以，审题时教师在第一位学生回答春风饭馆的营业时间
时插入问题："关于营业时间，还有什么补充吗？"或者直接问"营业时间
是从 11：00 一直到 20：30 吗？"让全体学生在师生问答的过程中认识到营业
时间中间是有休息的，所以计算"一天共营业多长时间"需要分段计算。为
此，笔者在自己所任教的班级上实施了这一想法。实践证明，教师适时插入

问题确实能使学生更好地理解营业时间，在解答"一天共营业多长时间"时没有出现以上错误。

那么，在"问题解决"教学中，解题步骤一"阅读与理解"到底承载了哪些任务、如何把这一环节的作用发挥到位成为接下来思考的问题。

三、 结论

（一） "阅读与理解" 环节实现了生活问题向数学问题的转化

一、二年级的"问题解决"将数学知识与生活实际紧密联系，常以情境图的形式呈现题目。数量关系相对简单，大部分只涉及加减乘除的一步计算。如图 2 - 2 所示。

图 2 - 2　数学一年级上册第 57 页

用同一个情境呈现三个数学问题，有些问题的已知信息直接用文字表达不需要通过数数得到；有些问题的已知信息需要学生自己获取；还有些信息数数得到的数量和文字表达数量不符。在"知道了什么"这一环节，教师需要根据实际情况，引导学生通过阅读文字或数数等方法理解、发现情境中的数学问题，获取图中的数学信息并提出问题，将信息和问题完整表述，实现生活问题向数学问题的转化。如以下教学片段一。

【片段一】

课件出示小鹿图。

师：从图中你知道了什么？

生：一共有 9 只小鹿，有的站着，有的走了。

师：几只站着，几只走了？请把信息和问题说完整。

生：一共有9只小鹿，有3只走了，问我们还剩几只？

师：不错，信息、数量和问题都说完整了。还有谁也能将信息和问题完整说一次。

（生争先恐后举手）

生2：一共有9只小鹿，走了3只，还剩几只？

师：说得真好！请跟同桌互相说一次。

（同桌互说）

课件出示天鹅图。

师：关于天鹅，你知道了什么？能提出什么问题？

生1：一共有8只天鹅，走了3只，还剩几只？

（发现一学生有异议）

生2：没有8只天鹅，只有7只。

师（面向全体学生）：到底是7只还是8只？

（生七嘴八舌）

生3：题目已经写了"一共有8只天鹅"，但是有一只天鹅被水草遮住了，他没看到。

师：哦，你观察得真仔细！（师指着遮住的那一只）这一只天鹅确实是被遮住了，所以"一共有8只天鹅"，没错！如果水草再大一些密一些，把这一只完全遮住了，那我们要相信自己数出来的只数还是题目中文字表述的8只呢？

（生思考）

师：同桌互相交流一下想法。

（同桌互相交流后汇报）

生4：我觉得还是看题目中写的数。

师：也就是说以文字写出来的数量为准。为什么？

生4：因为可能有的会被遮住了，看不到了。

师：你们同意他的说法吗？

生齐答：同意！

师：对，在看图找信息的过程中，可能会出现题目告诉你的数量和你自己看到的数量不一样，这时候我们要以题目文字表示的数量为准。

（回看小鹿图）

师：其实刚才的小鹿也有一只被遮住了，所以我们以文字写出来的数量9只为准。

（课件出示完整的情境图）

师：从图中你还能提出什么数学问题？请同学们先跟同桌互相说一次。

（片刻后）

师：谁来说给大家听？

生1：树根下有6个蘑菇，旁边还有2个，一共有多少个？

师：同意吗？

（大部分学生答：同意）

师（指着树根下的蘑菇）：明明树根下只有5个，怎么说6个呢？

生2：刚才那道题已经说了，如果图上画的数和文字写的不同时，要以文字写的数为准，可能图上有的被遮住了。

师：你听得真认真！

……

（二）“阅读与理解”环节担负着初步理解题目的任务

随着年级的递增和知识的深入，中高年级的“问题解决”题目逐渐变得复杂，这时候“阅读与理解”这一环节就不仅实现生活问题向数学问题转化，它还担负着对题目的初步理解的任务。正如本案例提到的春风饭馆营业时间这道题，实践证明“阅读与理解”这一环节只是明确题目的信息和问题是远远不够的，它还需要学生认真观察营业时间，从中发现营业时间是分两段的。这是“分析与解答”环节顺利找到这两段营业时间的开始时刻和结束时刻并进行相关计算的关键。其实，从二年级开始，教材在“阅读与理解”这一环节就赋予了初步分析题目的任务，如图2-3所示。

5 22个学生去划船，每条船最多坐4人。他们至少要租多少条船？

图2-3 数学二年级下册第67页例5

图2-5是二年级下册“用有余数的除法解决问题”一课的例题，在“知道了什么？”这一环节不但要求学生说出已知信息和要求的问题，还需要学生理解关键词语“最多”和“至少”的含义。“最多”是指每条船最多只能坐4人，不能超过4人，可以是1人、2人或3人；“至少”是指租的船的条数最少的情况。因为要满足租的船数最少，所以每条船就要尽可能坐满

4 人。教学时教师可以列举生活中的例子来加深学生对词语"最多"和"至少"的理解，同时培养学生审题的习惯与理解问题的能力，为"怎样解答？"环节学生正确解决问题做铺垫。如以下教学片段二。

【片段二】

课件出示题目，学生齐读题目。

师：从题目中知道了什么？

生1：从题目中知道了两个信息，22 个学生去划船，每条船最多坐4人。问题是他们至少要租多少条船？

师：也就是知道了划船的人数是22人。"最多坐 4 人"是什么意思？

生2：最多坐 4 人就是说不能超过 4 人。

师：那坐 1 人可以吗？坐 2 人、3 人呢？

生2：可以。

师：还有哪些关键词需要大家注意的吗？

生3：问题中"至少"这个词。

师（顺势提问）："至少要租多少条船？"该怎么理解？

生3：就是说要租的船不能太多，船的条数要最少。

师：1 人坐一条船怎么样？2 人呢？3 人呢？

生4：不行，这样要租的船就会很多了。

师：我们把"每条船最多坐 4 人，他们至少要租多少条船？"联系起来，该怎么理解？请用画图的方法把你的想法表示出来，并跟同桌互相交流一下自己的想法。

（片刻后，展示学生的画法并请学生汇报）

师：说说你的看法。

生5：意思就是说每条船都要坐满 4 人，这样就保证要租的船最少了。

生6：最后一条船不够 4 人，2 人也要租一条船。

师：同意他们的说法吗？（同意）你能用算式表示出来吗？（能）

……

（三）"阅读与理解"环节担负着初步分析数量关系（空间关系）的任务

以五年级下册第 70 页例 3（见图 2 - 4）公倍数、最小公倍数在生活中的实际应用为例。

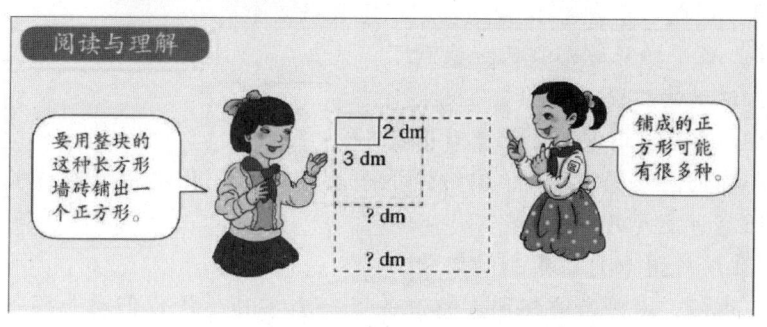

图 2-4　数学五年级下册第 70 页例 3

在"阅读与理解"这个环节教师需要引导学生完成三个任务。首先，引导学生读题，通过对关键数据和词语的理解明确题意：要用长方形墙砖铺一个正方形，相关信息是长方形墙砖的长为 3 dm，宽为 2 dm；要求用的墙砖必须是整块的。问题是铺成的正方形的边长可能是多少分米？最小是多少分米？其次，让学生通过画图初步理解题意，感受铺出的正方形的不确定性。最后，让学生综合信息，理清思路，抓住问题解决的关键：假设铺的正方形可能有很多，而满足要求的正方形受墙砖长和宽的限制，可以应用公倍数和最小公倍数的知识解决问题。这个环节中的三个任务，不但将铺砖这样的生活问题转化成数学问题，同时也为"分析与解答"环节确定"要求铺成的正方形的边长可能是多少分米就是求 3 和 2 的公倍数是多少"的解题策略做铺垫，为利用画图策略来检验解答是否正确打下了坚实的基础。

【片段三】

课件出示题目，学生默读题目。

师：题目讲了什么？

生 1：用长方形的墙砖铺一个正方形。

师：有什么需要特别注意的吗？

生 1：用的墙砖必须是整块的。

师：能找出相应信息的数据和问题吗？

（能）

生2：用长3 dm、宽2 dm 的墙砖铺成一个正方形。问题是铺成的正方形的边长可能是多少分米？最小是多少分米？

师：你能在头脑里想象一下铺砖的画面吗？（能）请用画图的方法把它表示出来。

（生画草图理解题意，几分钟后）

师：通过画图，对于题目你有什么新的发现？

生3：铺成的正方形不止一个，可能有很多个。

生4：最小的正方形我已经找到了。

师：这么快，说说看！

生4：最小的正方形边长是6 dm。

师：你们同意吗？（同学们纷纷举手表示同意）你们猜猜看边长除了是6 dm，还有可能是几分米？

（学生纷纷发表自己猜测的数量）

师：很好，老师给每组同学都准备了一套学具，请你们动手摆一摆，验证你的猜测是否正确，好吗？

……

柏拉图说："良好的开端，等于成功的一半。""阅读与理解"是"问题解决"教学中的第一个步骤，也是解决问题的开始。这一环节是培养学生发现和提出问题的重要渠道之一；它的作用发挥到位与否，更是学生能否顺利分析问题和解决问题的关键。因此，教师必须明确这个环节的任务，根据学生的年龄特点，结合要解决的实际问题和不同学段的要求对学生进行循序渐进的引导，充分发挥"阅读与理解"这一环节的作用，培养学生良好的审题习惯。

第二节　分析与解答

"分析与解答"这一环节着重培养学生分析问题和解决问题的能力，它是问题解决的核心环节。这一环节的教学，如何打破传统的重题型、重模式、重训练的做法，培养学生灵活思考问题，真正提高学生分析问题和解决问题的能力呢？本书研究认为，教师在教学中关注学生的思考过程，注重知识形成过程中多种表征方式的转化，使学生获得分析问题和解决问题的策略，是有效方法之一。

一、 结合四则运算的实际背景， 加强学生对运算意义的理解

（一） 帮助学生理解四则运算的应用背景

一、二年级的"问题解决"知识领域题目的数量关系相对比较简单，大部分是一步计算的加法、减法、乘法和除法的实际应用，教师要做的就是帮助学生理解这些背景。例如学习如图 2-5 所示的加法时，先让学生看图说话，明确图中的信息包括左边 4 只兔子和右边 2 只兔子两部分，要求"一共有多少只"就是要把 4 只和 2 只这两部分合起来，所以用加法计算。接着，让学生明确 4+2＝6 这个算式中 4、2 和 6 分别表示什么，加深其对加法含义的理解，知道将两个部分合并起来用加法。

图 2-5 数学一年级上册第 46 页 "用 6 和 7 的加法解决问题"

如图 2-6，教学减法时，同样先让学生通过看图说话明确图中的信息"一共有 7 只青蛙，跳走 2 只"，问题是"还剩几只"。让学生从意义出发理解"要求还剩几只"就要从总数 7 只里去掉跳走的 2 只，用减法计算。教学时可以适当用手势加深学生对减法意义的理解，知道从总数里去掉一部分，求另一部分用减法。

图 2-6 数学一年级上册第 47 页 "用 6 和 7 的减法解决问题"

（二） 帮助学生感悟数学模型

数学模型是用数学解决实际问题时经常使用的一种方法，它往往是一组数学关系式，或一套具体的算法。小学生在数学学习中会获得大量的数学模型，其中加法、减法、乘法和除法是四个最基本的数学模型。例如乘法，小学阶段学生接触最多的现实模型有三种：等量组的聚集、倍数模型和矩形模型。而其中最基本的是第一种等量组的聚集，也是我们经常说的"连加"和"几个几的和"，乘法的其他模型可以转化成这种模型。学生第一次接触乘法也是从这种模型开始的。教材提供了大量的同数连加的现实情境，如坐小飞机、小火车和过山车，每束个数相同的气球、每份数量相同的胡萝卜、每串个数相同的香蕉，等等，为学生提供了丰富而生动的直观表象。通过同数连加情境、加法算式和乘法算式，以及用"几个几"的方式表达等，突破乘法意义的本质，加深学生对乘法意义的理解。在以后的练习中教材有意渗透乘法的矩形模型，如图 2 - 7 所示，明显跟之前的小飞机、小火车和香蕉图等不一样，以矩形的形式摆放，让学生感悟以下图形同样可以用乘法解决。

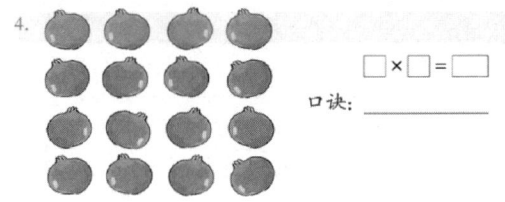

图 2 - 7　数学二年级上册第 56 页"练习十一"第 4 题

而学生真正学习矩形模型应该从如图 2 - 8 所示的这道题开始。

7 比较下面两道题，选择合适的方法解答。
（1）有 4 排桌子，每排 5 张，一共有多少张？
（2）有 2 排桌子，一排 5 张，另一排 4 张，一共有多少张？

图 2 - 8　数学二年级上册第 63 页例 7

用画图法分析图 2 - 8 第（1）题，学生根据题意画图，明确如图 2 - 9 所示的矩形图表示 4 个 5，用乘法计算。

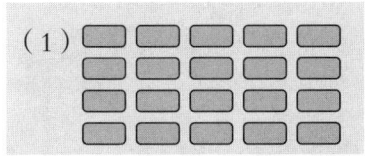

图 2 - 9　第（1）题矩形图

学生在三年级上学期接触乘法的倍数模型，如图 2 - 10 所示，教材让学生通过画线段图的方法，让学生明确要求"象棋的价钱是多少元"就是求 4 个 8 是多少，用乘法计算，将求一个数的几倍是多少转化成求几个几的和是多少。通过这道题让学生认识了乘法的另一种模型——倍数模型。

军棋的价钱是 8 元，象棋的价钱是军棋的 4 倍。

象棋的价钱是多少元？

图 2 - 10　数学三年级上册第 52 页例 3

二、　运用多种表征方式的转换，　提高学生解决问题的能力

问题表征是人们在解决问题时所使用的一种认知结构，具有多种形式。表征包含了叙述、推理和抽象。莱什（Lesh）在布鲁纳的基础上从交流的角度将数学表征分为现实情境表征、动作表征、图形与图表表征、口头语言表征和符号表征五种。有学者认为，要获得真正意义上的理解，就要灵活地实现五种表征之间的转化。在"分析与解答"环节，要运用数学问题表征的多元性，发挥多元表征的启发功能、转化功能和理解功能，帮助学生分析问题，提高学生解决问题的能力。

如图 2 - 11，当学生读完题目，不能顺利找到解决问题的方法时，教师不妨提醒学生用动手摆一摆或用画示意图的方法来理解题目的意思，使学生明白模拟操作和画图法是帮助理解题意的重要手段，同时也发挥动作表征和图形表征的启发功能。其实在学生画示意图以理解题意时也实现了多元表征的转化功能，利用数形结合将代数表征转化成几何表征。

图 2-11　数学一年级上册第 79 页例 6

又如图 2-12，教学时可以用画图法帮助学生理解题意，明确要求"铺客厅地面一共要用多少块地砖"就是求客厅的面积里面有几个这样的正方形的面积，也就是求一个数里面有几个几。同时将题意用语言表达出来，列式计算，实现图形表征、口头语言表征和符号表征的相互转化，提高学生分析问题和解决问题的能力。

图 2-12　数学三年级下册第 72 页例 8

当然，"分析与解答"这个环节，在实现多种表征方式相互转化的过程中，要教会学生一些分析问题和解决问题的策略，如画图法、列表法、动手操作法等，这些将会在第四章进行详细的论述。

第三节　回顾与反思

一、背景描述

教师对"阅读与理解""分析与解答"两个环节该做什么、怎样做普遍比较重视，因为"阅读与理解"处理是否到位，对学生能否正确解决问题有关键性的作用。但是对于"回顾与反思"的必要性教师则欠缺正确的认识。

尤其是在低年级中，由于数学题目的数量关系比较简单，这个环节往往是走过场，一带而过，甚至有的教师觉得这个环节讲不讲解都没多大关系。

二、 反思

其实不然，"回顾与反思"是问题解决过程中的检验环节，相当于奥苏伯尔和鲁滨孙提出的问题解决过程中的第四阶段"解答之后的检验"，亦等同于格拉斯提出的解决问题过程中的"执行检验"环节。学会反思是数学问题解决能力中必不可少的部分。对于不同年级不同例题的"问题解决"，"回顾与反思"环节担负着不同的任务和要求。如何充分发挥它的作用，让这一环节更有效、更有价值，确实是值得我们探讨的问题。

三、 结论

（一） "回顾与反思" 环节可以回顾解题过程和检验答案的正确性

根据学生的年龄特点，教材的"回顾与反思"这个环节在一、二年级以"解答正确吗？"出示。从语言表述上理解，就是对解题过程的回顾和答案的正确性进行检验。如在一年级上册第 46 页 "用 10 以内的加法解决问题" 一课教学中，在"回顾与反思"这一环节教师以"为什么用加法解答"这一问题引导学生回顾解题的过程，深化学生对加法含义的理解；再以"计算正确吗"引导学生用数数、数的组成和想加算减等方法对计算的正确性进行检验。由于学生是初步接触"问题解决"这三个步骤，故此引导学生反思时，还可以从解题的步骤方面入手，让学生以自己的语言回顾与解释。同理，在教学用减法、乘法或除法解决问题时，可以用类似的问题引导学生回顾与反思，加深学生对四则运算意义的理解。

（二） "回顾与反思" 环节可以归纳分析问题的策略和解决问题的方法

随着知识的不断深入，分析问题的策略呈现"多样化"，这时候就需要教师有意识地对学生解决问题的策略进行指导与归纳，提升学生综合运用知识解决问题的意识和能力。如前文图 2 - 11 所示的例 6，学生既可以用数数的方法来解决，也可以用画图的方法，还可以用推理的方法。所以在"回顾与反思"这一环节教师要引导学生对这三种策略进行归纳，让学生选择自己喜欢的策略来解决问题。

又如图 2 - 13 所示的例 5，学生可以从不同的角度（男女生的角度和前后排的角度）找到信息并分别列式解决问题。在"回顾与反思"环节教师可以提问："他们的解答有什么不同？"使学生明确思考问题的角度不同，列的算式也就不同；提问："观察两个算式，它们有什么相同的地方？"使学生明确，虽然列式不同，但解答结果相同；最后让学生明确解决问题可能有一种方法，也可能有多种方法，以此拓宽学生解决问题的思路。

一共有多少人？

图 2 - 13　数学一年级上册第 97 页例 5

（三）"回顾与反思"环节可以对解题策略进行评价，达到"优化"的目的

随着年龄的增长，学生积累的解题策略会越来越多，画图法、列表法、枚举法等是"问题解决"教学中分析数量关系的有效辅助方法。如画图法，孩子从小就喜欢涂鸦，有的孩子喜欢并善于用画图来表示自己的感觉和感受。从一年级开始，教师就应该有意识地让学生养成用图画表示数、用图画表示计算结果的习惯。在教学"问题解决"时，可以放手让学生把题目的意思用画图的方法表示出来。例如，前文如图 2 - 8 所示的"问题解决"题目，在教学时可以先让学生用画图的方法把两道题的条件和问题表示出来，使具体问题抽象为数学模型，如图 2 - 14 所示；接着让学生分别说出（1）（2）两幅图表示的意思，突出乘法的意义和加法的意义。

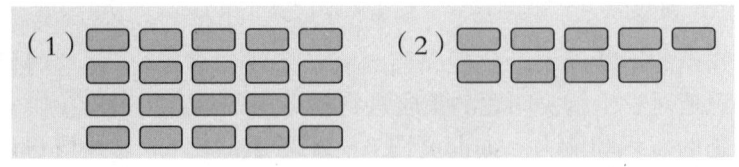

图 2 - 14　画图表示例 7

在"回顾与反思"这个环节除了让学生回顾解决问题的过程外，还应该让学生对画图法在解决问题过程中发挥的作用进行评价，体会画图策略对于分析数量关系的重要性，为三年级线段图的学习打下坚实的基础。如在教学

三年级上册第 33 页例 9 "用列表法解决问题" 时，在 "回顾与反思" 环节除了让学生有条理地说说思考过程外，还应该引导学生体会用列表法解决问题的优越性：——列举时能做到不重复、不遗漏。这样能培养学生有序思考的能力。解题策略的 "多样"，必然会有解题策略的 "优化"，而 "回顾与反思" 环节可以让学生对解题策略进行评价，达到 "优化" 解题策略的目的。

（四） "回顾与反思" 环节可以提炼数学模型

所谓数学模型，就是根据特定的研究目的，采用形式化的数学语言，去抽象地、概括地表征所研究对象的主要特征、关系所形成的一种数学结构。广义地讲，数学的概念、法则、公式、性质、数量关系等都是数学模型。在 "回顾与反思" 环节中还可以总结数量关系和提炼数学模型。

如教学如图 2 – 15 所示的 "用乘法解决问题" 时，在 "回顾与反思" 环节借用小精灵的对话对数量关系进行总结与概括，使学生初步感悟 "总价 = 单价 × 数量" 这一数量关系，帮助学生积累乘法 "数学模型" 的典型实例。

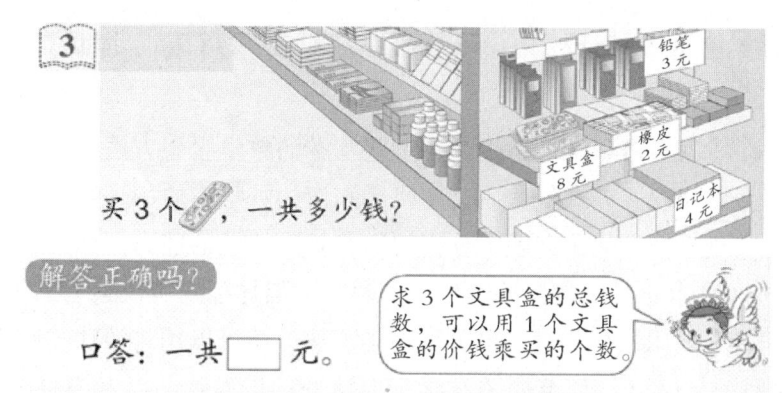

图 2 – 15　数学二年级上册第 78 页例 3

又如图 2 – 16 所示的 "用除法解决问题"，"回顾与反思" 这一环节呈现了学生将结果作为条件回到原情境中，并用乘法进行检验，进一步体现了平均分两种情况的含义。最后还让学生比较两个问题的异同，加深了学生对平均分和除法含义的理解，并形成相应的数学模型。

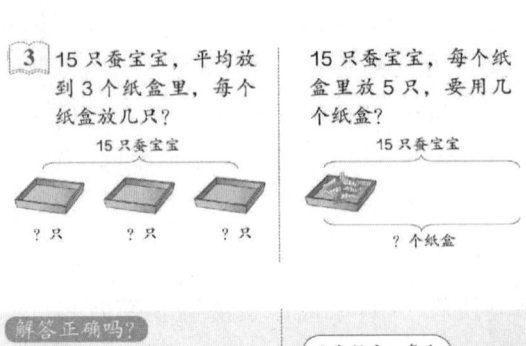

比较上面两道题，你能发现什么不同的地方和相同的地方？

图 2 – 16　数学二年级下册第 23 页例 3

（五）"回顾与反思" 环节可以总结学习方法， 渗透数学思想方法

在小学阶段有意识地向学生渗透一些基本的数学思想方法，不但可以加深学生对数学概念、公式、法则、定律等知识的数学本质的理解，而且可以提高学生发现问题和提出问题、分析问题和解决问题的能力。如五年级下册第 39 页例 6 "求不规则物体的体积" 的教学，倡导问题解决策略的多样化。梨的体积，可以用量杯测量，也可以用排水法，还可以用排沙法、测质量等方法。"回顾与反思" 环节要关注学生对这些问题解决方法的总结和反思，既要让学生体会到问题解决策略的多样性，同时要让学生认识到每种方法的局限性，更重要的是让学生体会 "转化" 的思想。又如教学六年级下册第 27 页例 7 求容积时，"回顾与反思" 环节可以引导学生总结 "把不规则图形转化成规则图形来计算" 的策略，并及时回顾以前计算梨的体积时也用到转化的思想，使学生对转化的数学策略有更为深刻和更为一般性的理解和掌握。

"回顾与反思" 这个环节的作用还有很多，本书就不再一一列举了。不同年级不同知识领域的例题，这个环节所承载的任务有所不同。结合学生的

年龄特点，低年级的教材中这一环节所承载的任务比较单一，有的侧重答案正确性的检验，有的侧重解决问题的方法回顾，还有的侧重情感、态度与价值观等。随着年龄的增长，学生积累了大量的解题策略和解题方法，"回顾与反思"所承载的任务不断丰富，既要对答案正确性进行检验，又要对解题方法进行归纳总结；既要对"多样"的解题策略进行反思，还要结合实际选择"优化"的解题策略；既要提炼数学模型，还要渗透数学思想方法……这就需要教师系统把握教材，根据不同的角度、不同的侧重点，充分发挥"回顾与反思"这一环节的作用，让学生养成检验与反思的习惯，培养学生数学结果检验与评价反思的能力。

第三章
发现问题和提出问题的能力

《义务教育数学课程标准（2011 年版）》将原来总目标中四个方面之一的"解决问题"改为"问题解决"，更加重视学生的问题意识以及问题解决综合能力的培养。同时明确提出培养学生"发现问题和提出问题的能力"。分析问题和解决问题固然重要，但发现问题和提出问题更是培养学生创新意识的需要。重视发现问题和提出问题，对于整体上提升学生数学素养，特别是对于提升学生社会适应能力更为重要。

现代认知心理学把解决问题看作是一种认知活动。他们认为："问题解决是把问题和记忆中的图示联系起来的过程，它包含了问题表征和表征分析两个过程。表征是认知心理学的基本概念，一般是指信息的表达。"从问题的呈现到信息的正确表达，需要经历信息的加工过程。而认知心理学家认为"影响解决问题的基本因素是信息加工的能力"。对于一年级的学生来说，这种信息加工的能力应包括阅图能力、信息筛选能力和完整表述题目的能力。本章着重阐述这三种能力的培养。

第一节　阅图能力

阅图能力，顾名思义，就是阅读图片的能力。教材中的"问题解决"知识领域通常是以图文结合的形式呈现，其基本结构是两个有用的信息和一个相关的问题，所以学生必须读懂题意，从呈现的资料中收集相关信息并提出问题，最后完整地表述题目。而阅图能力是学生解决问题的前提，也是关键。对于"问题解决"知识领域，一年级的教材最初是以情境图的形式呈现，让学生通过看图说话，初步感悟解决问题的基本结构；接着根据呈现方式和目的的不同，由浅入深，从易到难，逐步以例题或练习题的形式呈现。

一、 以情境图的形式呈现

如图 3－1 和图 3－2 所示，教材呈现的情境图，配以大括号和问号，让学生通过看图说话初步明确解决问题的基本结构。教学时，教师根据"图里有什么"引导学生看图说话，同时引导学生舍弃图中不相干的因素，让学生用数学的眼光看问题，把目光指向左边和右边兔子（青蛙）的只数。

图 3－1　一年级数学上册第 46 页

图 3－2　数学一年级上册第 47 页

第 46 页例题：左边有 4 只兔子，右边有 2 只兔子，一共有几只兔子？

第 47 页例题：一共有 7 只青蛙，跳走 2 只，还剩几只？

二、 以图文结合形式呈现

图 3 - 3 是学生在学习了 "6 ~ 10 的认识和加减法" 这一单元后 "整理和复习" 的一道习题。很明显，这道题比情境图的题目难度加大了。

图 3 - 3　数学一年级上册第 70 页第 4 题

难度一：题目既有图片，也有文字和问题，但只看图片或只看文字明显是不完整的，教师必须引导学生发现它的不完整，用 "题目说了什么" "要解决什么问题" "需要找到什么信息" "哪里可以看到" 等问题引导学生说出图中的信息，将图文结合，组织成一道完整的题目。

难度二：情境图的形式学生是根据符号 "⌒?只" 理解题目的问题是求一共有几只；根据符号 "？只" 来理解题目的问题是求还剩几只。而这道题需要学生认真观察图片，根据小动物面对的方向和所处位置来理解题意。《义务教育数学课程标准（2011 年版）》在 "问题解决" 中明确地提出 "能在教师的指导下，从日常生活中发现和提出简单的数学问题，并尝试解决"，这时候教师的引导尤其重要。

（一） 鼓励学生从画面上收集信息并填上数据

学生刚开始接触 "问题解决" 知识领域的题目时，往往会看到什么就说什么，而忽略了要解决的问题，又或者只说出看到的事物，而忽略了事物的数量。这就需要教师引导学生根据要解决的问题直截了当地找到相关信息并补充数据。

（二） 根据信息和问题完整地表述题目

根据图 3 - 3 中的问题和找到的相关信息，学生可以完整地表述题目："竹林里有 7 只熊猫，来了 3 只，一共有多少只熊猫？"

如图 3 - 4 所示的题目比如图 3 - 3 所示的题目又增加了难度，学生除了找出两个信息外，还要根据信息提出问题。学生完整表述如下：

（左图）一共有 10 瓶水，喝了 3 瓶，还剩多少瓶？

（右图）有 6 只猴子，又来了 2 只，一共有多少只？

图 3 - 4　数学一年级上册第 71 页第 5 题

图 3 - 5 是以人物对话的形式呈现信息，根据呈现的"又来了 7 人"，以及问题"一共有几人"在图中找出另一个有关信息"已经来了 9 人"，完整表述：同学们去爬山，已经来了 9 人，又来了 7 人，一共有几人？

图 3 - 5　数学一年级上册第 90 页第 1 题

这里要向学生明确一点，有时候题目中图片信息提供的数量和文字信息的数量不同时，以文字信息为准。像这道题中的文字信息"又来了 7 人"，而实际图上能数出来的只有"5 人"，我们以文字信息为准。

（三）解决问题

1. 解决含有隐蔽条件的问题

图 3 - 6 中的"我"是一个隐蔽条件，为方便教学，我们可以给题中的"我"起个名字——小军，让学生分别指出小军前面的人、后面的人，明确都不包含小军。这种题对学生来说有一定的难度，可以借助画图来帮助学生理解题意，解决问题。

图 3-6　数学一年级上册第 100 页第 8 题

2.　多个角度、多种方法解决问题

以图 3-7 的题目为例，学生可以从位置排列的角度分前排、后排收集信息，也可以从男生、女生的角度收集信息并解决问题，相对的也就有两种不同的解题方法。

图 3-7　数学一年级上册第 97 页例 5 多角度分析问题

又如图 3-8 所示，这道题不但要求学生用不同方法解决问题，同时也涉及了信息筛选能力，对学生的要求又提高了一个层次。

图 3-8　数学一年级下册第 58 页例 7

第二节　信息筛选能力

在收集信息和完整表述题目的过程中其实还涉及信息的筛选。新教材中的"问题解决"知识领域往往呈现联系生活情境的大量信息，它要求学生对熟悉的生活情境从数学的角度做深入观察，对相关信息进行分析处理，从中筛选提炼有用的信息。高年级的"问题解决"知识领域还常常会提供大量的相关与不相关、有用的与无用的信息，这就要求学生有较强的筛选、提炼信息的能力。我们来看看图 3 – 9 的这道题。

图 3 – 9　数学一年级下册第 20 页例 5

要解决"还有几人没来"，"我们队踢进了 4 个"就是一个无用信息。又如图 3 – 10 的所示的这道题。

图 3 – 10　数学一年级下册第 76 页第 7 题

"其中 6 人近视"对于解决"还有多少人没有检查"来说也是一个无用信息。

筛选信息的能力必须从一年级开始培养，让学生从开始接触"问题解决"就有这样的意识，为以后的学习打下坚实基础。

第三节　完整表述题目的能力

完整表述题目是指相关信息与问题的同时呈现，它是小学"问题解决"的基本结构"两个有用信息和一个相关问题"的完整呈现。学生完整表述题目的过程，是学生正确理解数量关系的前提。所以，从教材以情境图的形式呈现"问题解决"开始，教师就必须有意识地培养学生完整表述题目的能力。在教学以情境图呈现的例题时，教师引导学生完整表述例题，师生共同理解数量关系并解决问题，让学生初步感悟解决问题的基本结构。而感悟解决问题的基本结构需要练习大量的题目和一定量的时间，只是靠例题的学习或课堂练习的训练往往不够，这就需要学生养成"先完整读题再列式计算"的习惯，让学生反复地说，反复地练，为"图文结合"题目的学习打下坚实的基础。图文结合题目的特点是：题目既有图片，也有文字和问题，但只看图片或只看文字明显是不完整的，所以养成完整读题的习惯很重要。如果在情境图形式的题目中把学生完整表述题目的能力培养得好，在以后教学中教师可以不做引导，学生也能看出题目的不完整，并将题目根据解决问题的基本结构补充完整。

"问题解决"教学的目的不单纯是为了求得问题的结果，更是为了提高学生分析问题和解决问题的能力，培养学生的创新精神，本书提到的培养学生的阅图能力、信息筛选能力和完整表述题目的能力，只是一个开始，接下来还需要培养学生分析问题的能力，适时教给学生一些常用的分析问题的方法与策略，使学生分析问题有据、有路、有法。

第四章
分析问题和解决问题的能力

一、二年级的"问题解决"题目的呈现形式很多都是从实际生活中截取的情境图，故此教学中比较关注让学生将生活问题转化成数学问题，着重培养学生发现问题和提出问题的能力；又因为题目大部分只涉及一步的四则运算，所以教学中侧重于引导学生从运算意义出发探寻解决问题的思路。而对于分析问题和解决问题的方法，如分析法、综合法、画图法、列表法等，教师只需在教学中有意渗透，更多的应培养他们的应用意识，这样有助于发展学生的数学理解能力，提升学生的数学素养。用估算解决问题是《义务教育数学课程标准（2011 年版》比较重视且要求学生掌握的一种解决问题的策略；抽象思想是最基本的数学思想之一，它贯串于解决问题的全过程。三年级开始，学生接触的题目日渐复杂，这时候运用合适的方法来分析问题并解决问题尤为重要。本章结合教材中的具体例子主要对解决问题的基本方法（分析法和综合法）、辅助方法（画图法和列表法）、估算能力、抽象思想和数量关系等方面进行阐述。

第一节　分析法和综合法

《义务教育数学课程标准（2011 年版)》学段目标（1～3 年级）中对"问题解决"方面的具体阐述是"了解分析问题和解决问题的一些基本方法，知道同一个问题可以有不同的解决方法"。于是，教材中对于问题解决的基本方法——分析法和综合法，更注重以渗透的方式让学生逐步感悟。结合低年级学生的年龄特点和认知特点，教师在教学中也更愿意以学生容易理解的"从问题想起"和"从条件想起"来称谓分析法和综合法。

综合法就是"从条件想起"，从已知条件出发寻找解决问题的方法，属于顺向思维。分析法则指"从问题想起"，从问题出发寻找解决问题所需要的条件进而解决问题，属于反向推理，思维难度较大。学生刚刚接触数学时，大多用的是综合法——"从条件想起"来解决问题。到了二年级才开始接触分析法——"从问题想起"来解决问题。随着年级的递增，知识程度加深，有些问题适合用综合法，而有些问题则适合用分析法，这就需要学生熟练掌握这两种方法。人教版教材虽没有像苏教版那样将这两种方法作为解决问题的策略正式提出来，但在"问题解决"例题的编排上是有所体现的，对于分析法和综合法的教学经历了三个阶段。

一、第一阶段：综合法和分析法初接触

从一年级接触"问题解决"这个知识领域开始，不管是例题还是练习，都经常会出现题目提供已知信息，以"你还能提出什么问题？"让学生根据信息提问题并解答。所以用综合法来思考问题对学生来说一点也不陌生。但对于分析法则到了二年级学习"用乘法解决问题"和"用除法解决问题"才开始接触，如图4-1和图4-2所示。

图4-1　数学二年级上册第78页例3"用乘法解决问题"

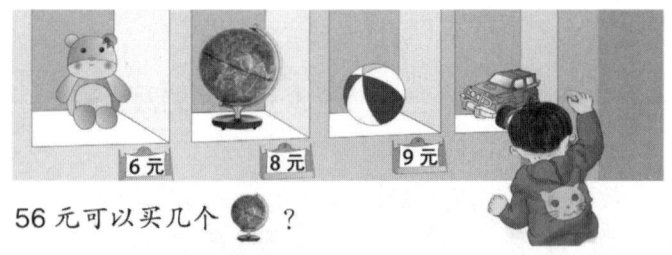

图4-2　数学二年级下册第42页例3"用除法解决问题"

图4-1中出示了一些文具的价钱，以要解决"买3个文具盒，一共多少钱"需要知道哪些信息，引导学生从问题出发去寻找相关的两个信息：买3个文具盒和每个文具盒的价钱8元。

图4-2这道题则以要解决"56元可以买几个地球仪"需要知道哪些信息，引导学生"从问题想起"寻找两个相关的信息：一个地球仪8元和56元。

以上两道例题是学生初次接触分析法，"从问题想起"开展分析和思考并依据数量关系确定解决问题的思路。其实，对于分析法的渗透可以从更早开始，在一年级学生学习加减法运算后，可以出以下这样的题目进行渗透。

看问题补充条件：

（1）小红获得了 12 面红旗，_____。小红和小明一共获得了几面红旗？

（2）小红和小明一共获得了 18 面红旗，_____，小明获得了几面红旗？

通过这样的训练，让学生熟悉"从问题想起"思考问题的方法，为以后学习用分析法解决问题做好铺垫。

二、 第二阶段： 分析法和综合法的感悟

学生在二年级下学期开始学习解决涉及两步计算的实际问题，要解决这类问题就必须先解决题目中隐藏的问题，我们称之为"中间问题"。而要找到这个中间问题既可以"从条件想起"，也可以"从问题想起"。我们来看如图 4 – 3 所示的这道题。

图 4 – 3　数学二年级下册第 53 ~ 54 页例 4 "用两步计算解决问题"

寻找中间问题的方法可以从"我们一共要烤 90 个面包，已经烤了 36 个"这两个条件提出问题："还剩下多少个面包需要烤？"也可以从问题求"剩下的还要烤几次"分析，必须先找出"剩下多少个面包需要烤"。不管是从条件想起，还是从问题想起，都能找到相同的"中间问题"进而解决问题。教材通过这样的例题学习让学生感悟解决问题除了可以"从条件想起"，还可以"从问题想起"。如图 4 – 4 和图 4 – 5 所示的两道题。

8 妈妈买3个碗用了18元。如果买8个同样的碗,需要多少钱?

图4-4　数学三年级上册第71页例8"用'归一'法解决问题"

9 妈妈的钱买6元一个的碗,正好可以买6个。用这些钱买9元一个的碗,可以买几个?

图4-5　数学三年级上册第72页例9"用'归总'法解决问题"

图4-4这道题既可以从"妈妈买3个碗用了18元"这两个条件提出中间问题:"一个碗多少钱?"也可以从问题求"买8个同样的碗,需要多少钱"分析,必须先找到"一个碗多少钱"。

图4-5这道题同样可以根据"妈妈的钱买6元一个的碗,正好可以买6个"提出中间问题:"妈妈一共带了多少钱?"也可以从问题求"用这些钱买9元一个的碗,可以买几个"分析,必须先找到"妈妈一共带了多少钱"。

教材通过类似以上的例题让学生逐步熟练这两种思考方法。当然,综合法的思路是顺向思维,学生可以边读题边思考,但是分析法的思路属于反向推理,它需要教师给予学生适当的点拨和指导。

三、 第三阶段: 分析法和综合法的正式提出

通过两年多的接触和感悟,以及例题的学习和相关的练习,学生积累了不少"从条件想起"和"从问题想起"解决问题的经验。在三年级下册"问题解决"的教学中,正式提出了分析法和综合法,当然,是以"从条件想起"和"从问题想起"的说法表述。我们来看看图4-6这道题。

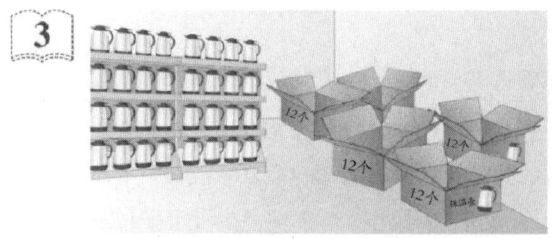

3 超市一周卖出5箱保温壶,每个保温壶卖45元。一共卖了多少钱?

图4-6　数学三年级下册第52页例3"用连乘解决问题"

学生在"阅读与理解"环节完整表述题目:"超市一周卖出5箱保温壶,每箱有12个,每个保温壶卖45元。一共卖了多少钱?"通过初步的分析,学生知道此题有三个条件,一个问题,需要用两步计算来解决问题。我们来

看看一个课堂实录片段。

师：通过刚才的分析，你们对于这道题的意思了解了吗？

生：了解了。

师：能解决这个问题吗？

生：能。

（学生独立完成，片刻后请学生板演并汇报，教师根据学生的回答适当板书）

师：要解决"一共卖了多少钱"你有什么好方法？

生1：我先求5箱一共有多少个保温壶，再求这些保温壶一共卖了多少钱。

师：我们一步一步来，你先求"5箱一共有多少个保温壶"。（生点头）根据什么来求的？〔师板书：（1）5箱一共有多少个保温壶？〕

生1：根据题目中的第一、第二个条件：超市一周卖出5箱保温壶，每箱有12个。

师强调：也就是说你是"从条件想起"，根据这两个条件先求一共有多少个保温壶的。（师指着两个条件并板书：从条件想起）继续说！

生1：接着根据求出来的保温壶的个数乘每个保温壶的价钱45元，求出一共卖了多少钱。

〔师板书：（2）一共卖了多少钱？〕

师：同意他的方法吗？（部分学生：同意）还有其他方法吗？（另一部分学生纷纷举手）

生2：我先求的跟他的不一样。

师：哦，不一样。那你先求的什么？

生2：我先求一箱保温壶一共多少钱。

师：你怎么想到要先求一箱保温壶多少钱？〔师板书：（1）一箱卖了多少钱？〕

生2：因为问题是求"一共卖了多少钱"，所以我想到就先求"一箱卖了多少钱"吧！（生笑）

师：说得真好！也就是说你是从问题"一共卖了多少钱"想起要先求"一箱卖了多少钱"的，对吧！（师板书：从问题想起）继续！

生2：算出一箱多少钱后再乘5箱就是一共卖了多少钱了。

〔师板书：（2）一共卖了多少钱？〕

师：好的，谢谢你！

师指着两人的板书：观察这两个同学的解决方法，你们有什么发现？

方法一：从条件想起　　　　　　方法二：从问题想起

（1）5箱一共有多少个保温壶？　　（1）一箱卖了多少钱？

　　　12×5＝60（个）　　　　　　　45×12＝540（元）

（2）一共卖了多少钱？　　　　　（2）一共卖了多少钱？

　　　45×60＝2700（元）　　　　　540×5＝2700（元）

生3：他们第一步求的不一样，但是第二步都是求一共卖了多少钱，而且结果都是一样的。

师：你觉得他们做得对吗？（生3：对的）还有补充吗？

生4：他们的想法不一样，一个是从条件想起，一个是从问题想起。

师：对，他们思考问题的方法不一样。

师生小结：解决问题可以有不同的方法，既可以"从条件想起"，也可以"从问题想起"，这两种不同的思考方法能解决同一个问题。

又如图4-7这道题主要是让学生学会用连除或乘除法解决相关的生活问题。通过解决具体问题，渗透解决问题的两种基本策略——分析法和综合法，初步体验两种策略对解决问题的作用，初步了解同一问题可以有不同的解决方法，同时培养学生自主获取信息并解决问题的能力。

图4-7　数学三年级下册第53页例4"用连除、乘除法解决问题"

教学上述例4前可以以复习导入的形式先让学生复习"看条件填问题"和"看问题填条件"的练习，重温以前用分析法和综合法解决问题的经验。接着出示例题，在学生充分理解题意后，提出问题："要求每组有多少人，可以先求什么，再求什么？"然后放手让学生独立思考，尝试解决问题。请两位完成的学生上台板演，让学生指着黑板讲述思路和想法，教师适时引导，如：

　　　方法一：60÷2＝30（人）　　30÷3＝10（人）

　　　综合算式：60÷2÷3＝10（人）

师：你先求什么？

生：我先求每队有多少人。

师追问：你是根据哪些条件求出每队有多少人的？

生：我是根据"老师将参加表演的 60 人平均分成 2 队"这两个条件求出每队有多少人的。

师（重复并用手指）：你是根据这两个条件先求出每队有多少人。（板书："条件"和"每队有多少人？"）再求什么？

生：再求每组有多少人。

师：你又是根据哪些条件求出每组有多少人的？

生：我根据刚才求出来的"每队 30 人"和"每队平均分成 3 组"这两个条件求出了每组有多少人。

师：他刚才说的你们都听明白了吗？（生齐声：明白了）我们一起来回忆一下！

师生小结：他根据已知的这两个条件先求出每队有多少人，再根据已经求出的每队的人数和每队平均分成 3 组这两个条件求出了每组有多少人。也就是说他是从条件出发来分析问题的。

（板书补充完整：从条件想起）

……

方法二：$2 \times 3 = 6$（组）　　$60 \div 6 = 10$（人）

综合算式：$60 \div (2 \times 3) = 10$（人）

师：你先求什么？

生：我先求一共有多少组。

师：你怎么想到要"先求一共有多少组"的？

生：问题要求"每组有多少人"，就必须知道总人数和组数，现在总人数是 60 人，一共有几组没有直接告诉我们，所以需要我们先求出来。

师补充：也就是说你是根据问题要求"每组有多少人"想到必须知道一共有多少组的。（生：是的。师板书："问题"和"一共有多少组？"）

师：你是根据哪些条件求出来的？

生：我是根据"平均分成 2 队""每队平均分成 3 组"这两个条件求出一共有多少组的。

师：第二步是根据哪些条件求出每组的人数的？

生：第二步我是根据"总人数 60 人"和第一步算出来的"6 组"两个条件，求出每组的人数的。

师生小结：他刚才是根据问题"每组有多少人"想到必须先找到"一共有多少组"，再根据已经知道的总人数和算出来的组数求出每组的人数。也就是说他是从问题出发来进行分析的。

（板书补充完整：从问题想起）

……

通过这道例题的学习，让学生明白"从问题想起"分析问题和"从条件想起"思考问题这两种不同的策略可以得出不同的解题方法，体验解决问题策略的多样化。

数学问题一般都是由条件和问题两部分构成的，弄清条件与问题间的联系，积累相关的实践经验，是进一步学习其他解题方法、提高数学问题解决能力的重要基础。当然，数学的条件和问题总是相互联系、相互依存的，所以分析法和综合法常常相互渗透，相互结合一起运用。

第二节　画图法

画图法是"问题解决"教学中常用的辅助方法，它可以将抽象的问题直观化、具体化，帮助学生分析问题并解决问题。波利亚在"怎样解题表"的第一个步骤（你必须弄清问题）中就指出：画张图，引入适当的符号。可见，画图能降低知识难度，帮助学生理解题目。可是现实中学生遇到难题时往往不会主动选择用画图法来分析问题。那么，如何鼓励学生用画图法来表征数学问题，分析数量关系呢？

首先，要重视学生画图意识的培养。

一年级的学生年龄小，自控力比较低，用画图来吸引其注意力，是激发其学习兴趣的有效方法之一。所以从一年级开始教师就要利用各种契机，鼓励学生用画图法来表示题目的意思和表达自己的思考过程，培养学生的画图意识。如在教学数 1～20 时，可以让学生用画图的方法表示数。又如图 4－8 这道题，让学生用画图的方法表示出算式的含义，既可考查学生对知识的理解，也教会学生用画图法表示算式，培养他们的画图意识。

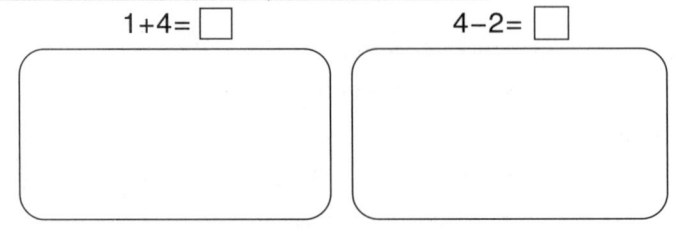

图 4－8　数学一年级上册第 28 页第 5 题

又如图4-9的两道例题，在引导学生完整表述信息和问题后，教师可以适时提问：你能用画图的方法表示出题目的意思吗？让学生用画图的方法理解题目，并用语言表达出来，最后列式计算，实现图画表征、语言表征和符号表征三种表征方式的相互转化，让学生经历知识由"外化"到"内化"的过程，加深学生对加减法运算意义的理解。

图4-9 数学一年级上册第46、47页例题

其次，要重视画图法在分析问题和解决问题中的作用。

画图本身就是一种有效地解决问题的策略，画图能帮助我们理解题意、分析数量关系，但是，学生就是不愿意用画图法，不管你把画图法说得有多神奇，他们就是无动于衷——懒得动。如何让学生亲身体会画图法的形象化和直观化呢？这就需要教师在平时的教学中，重视画图法在分析问题和解决问题中的作用，利用各种机会让学生亲身经历这样的解题过程。

如图4-10所示，这道题学生刚开始读题时往往会被题中的"还剩"两字所迷惑，见到"还剩"就以为该用减法计算。实践证明，此时画图具备决定性的作用。学生读完题目并根据题意画图后列式计算的正确率比仅凭字面理解题意就直接列式计算的正确率整整高出30%。

图4-10 数学一年级上册第98页例6

我们再来看看下面这个案例，例题的目的是让学生根据四则运算的意义选择不同的运算来解决问题。

【案例】二年级上册第63页例7：乘法解决的问题与加法解决的问题对比（学生列式计算后）。

7 比较下面两道题，选择合适的方法解答。

（1）有4排桌子，每排5张，一共有多少张？

（2）有2排桌子，一排5张，另一排4张，一共
有多少张？

师：两道题都是求"一共有多少张"桌子，题中都有4和5，为什么解答的方法不同？

生1：因为两道题表示的意思不同。

师追问：怎么不同了？

生2：因为第（1）题有4排桌子，每排5张，就是4个5张，用乘法计算。第（2）题只有2排，一排5张，一排4张，就是把5和4合起来，用加法计算。

师：哦，我听懂了，有什么办法能让同学们一眼就看出它们的不同呢？

生3：把它们画出来。

师：好办法！一起来画画看！（生画图，片刻后）请将你们画的图所表示的意思和同桌交流一下！

师：谁来说说？

生4（指着示意图）：第（1）题，有4排桌子，每排5张，求"一共有多少张"就是求"4个5相加是多少"，所以用乘法计算。第（2）题只有2排桌子，一排5张，另一排4张，求"一共有多少张"是把2排桌子5张和4张合起来，所以用加法计算。

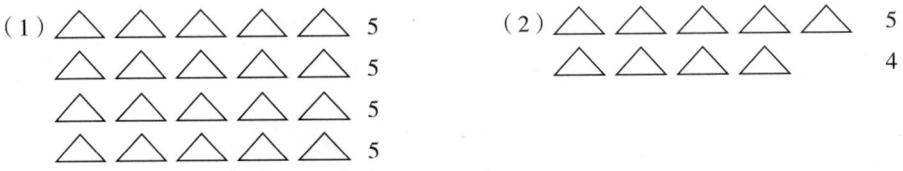

很明显，光从语言上去分析两者的不同，不容易说清楚。但是，用画图法将两道题的意思表示出来，就能一目了然地看出两道题不同的数量关系了。

再次，要重视画图法在不同年段的衔接。

用画图法表征数学信息和问题，学生最初大多是用画示意图的方法来表征题目，随着年级的递增会慢慢向线段图过渡，这时候就需要教师深挖教材，抓住不同年段的衔接点，逐步培养学生用线段图分析数量关系的能力。我们来看看图4-11的例子。

（1）一班得了 12 面小红旗，二班比一班多得 3 面。二班得了多少面？

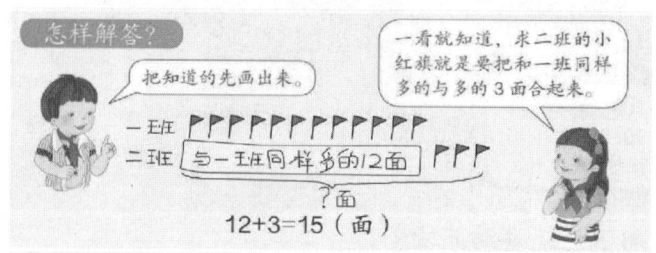

图 4-11　数学二年级上册第 23 页例 4

这时候学生的画图方法还停留在一一对应的简单直观的层面，但是已经由原来随心所欲的示意图向线段图迈进了一步。

在图 4-12 这道题中，教师要引导学生通过对比发现，当数量比较大时，用一个图形表示一个量比起原来的一一对应的画图法方便多了。这样让学生顺利由原来的一一对应的直观呈现画图法向半抽象的画图法过渡。

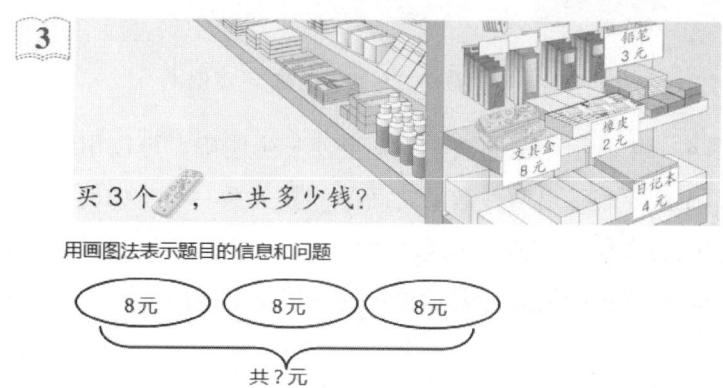

图 4-12　用半抽象的画图法表示数学二年级上册第 78 页例 3

在数学学习中，线段图是学生在解决问题时分析数量关系的重要手段。到了二年级下学期，有部分接受能力比较强的学生已经初步具备画出线段图的能力了。但是，对于大部分学生来说，要实现数到形的转换还是有一定的难度。图 4 - 13 的题目以色条图的呈现方法很好地给了学生一个缓冲，可以说是线段图的雏形，它为三年级学生正式画线段图打下了坚实的基础。

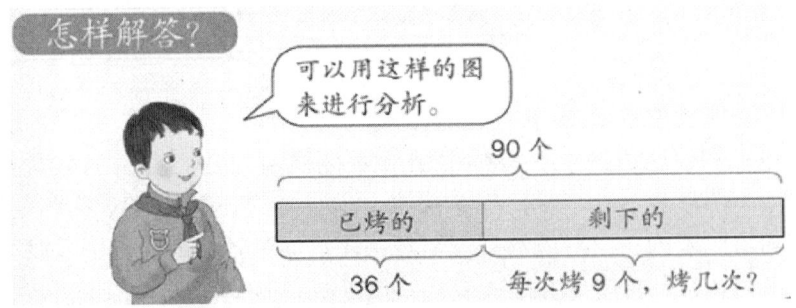

图 4 - 13 数学二年级下册第 53 页例 4

在如图 4 - 14 所示例题的教学中，要使学生明确，可以用线段的长度来表示数量，而且要表示出两种数量之间的倍数关系。对于如何画线段图，教师要给予明确的指导，先画一条线段表示军棋的价钱 8 元，再连续画出 4 条与第一条线段同样长的线段来表示象棋的价钱是军棋的 4 倍。

图 4 - 14 数学三年级上册第 52 页例 3

　　到目前为止，学生已经初步学会了用线段图来分析数量关系，但由于是初次接触，所以要求不能太高，只要让学生明白线段图的长短关系要符合题目的数量关系就可以了，不需要画得太精确，重点是要让学生养成用画图法分析数量关系的习惯。

　　最后，让学生养成用画图法分析问题的习惯。

　　学生初步学习线段图往往会画得比较慢，这就需要教师的不断鼓励；不同的题目会有不同的要求，这就需要教师的适当指导。在以后的"问题解决"教学中，根据题目的需要，示意图和线段图的方法会交替出现，画图法在分析问题中的重要作用也渐渐显现。

　　列方程解决问题最关键的是找出等量关系。教学图 4 - 15 这道题时，通过动画演示相遇的情境后，让学生用画线段图的方法找出"小林骑的路程 + 小云骑的路程 = 总路程"这个等量关系，这对下面的列方程并解决问题有着重要的作用。

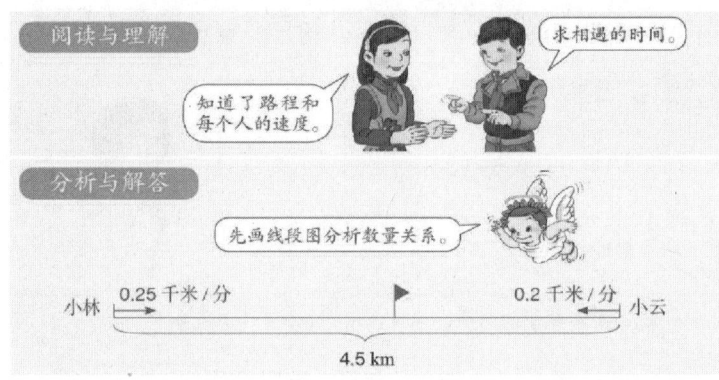

图 4-15　数学五年级上册第 79 页例 5

图 4-16 这道题是应用公因数、最大公因数的概念求方砖的边长和最大值。一开始学生对题目的理解有难度，何谓"整块"，何谓"铺满"？这时候不妨让学生用画图法来帮助理解，"整块""铺满"就是要用整块完整的地砖铺满地面。在"回顾与反思"环节还可以用画图法来检验结果的正确性，如图 4-17 所示。

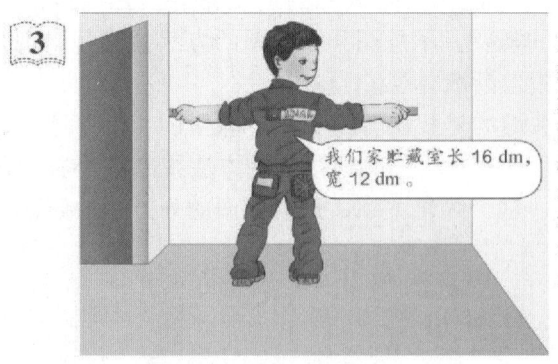

图 4-16　数学五年级下册第 62 页例 3

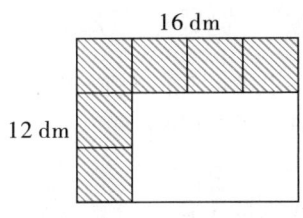

图 4 - 17　画图检验

　　学生用画图法解答数学问题是一个循序渐进的过程，让学生养成用画图法分析、解决问题的习惯也不是一蹴而就的事情。它需要从小培养，更需要教师在画图过程和画图方法上对学生进行指导。我国著名数学家华罗庚曾说："数无形时不直观，形无数时难入微。"画图法在小学数学教学中意义重大，符合学生的学习需求和成长需要，是学生分析问题和解决问题的有效手段。

第三节　列表法[①]

　　"问题解决"从狭义角度理解，是指综合性地、创造性地运用各种数学知识去解决生活实际的问题。我国数学课程标准就对"问题解决"的教学目标进行了详细的阐述，其中指出："能在教师的指导下，从日常生活中发现和提出简单的数学问题，并尝试解决"，"了解分析问题和解决问题的一些基本方法，知道同一个问题可以有不同的解决方法"。解决问题的方法是多种多样的，列表法就是其中一种有效的方法。

　　有序思考就是办任何事情，有一定的方法，从方法到操作，先做什么，后做什么，有一定的顺序与步骤，习惯称次序，这种蕴含次序的思维方式称有序思维方式。

　　列表法就是一种非常强调有序思考的解题方法。下面结合教学谈谈如何运用列表法解决问题，引导学生有序思考。

---

　　① 本节内容引自广东省教育科学"十二五"规划课题"培养学生小学数学问题解决能力的研究"组成员董杰玲老师的文章《运用列表法解决问题，引导学生有序思考》（发表于《数学学习与研究》2016 年 02 期：第 139 至 140 页）。列表法是分析问题的一种比较重要的方法，本书收录课题组成员董老师的文章用以补充分析问题方法的完整性。

一、 在 "派车运煤" 例题中感知列表法

小学生的年龄比较小，思考问题的过程中会存在模糊、表述重复或者遗漏的现象，欠缺一定的顺序。所以培养学生有序思考能力就显得非常重要了。如教学 "派车运煤"（三年级上册第 33 页例 9）："用两辆车运煤，一辆车载质量 2 吨，另一辆车载质量 3 吨。如果每次每辆都装满，怎样安排能恰好运完 8 吨煤?" 可以通过以下两个环节让学生尝试有序列表解决问题。

（一） 分组合作， 产生要 "有序" 的需求

出示上述 "派车运煤" 例题，通过师生阅读与理解，找到条件、问题，并进行分析，共同制作如表 4-1 所示的表格。

表 4-1 派车方案表

派车方案	2 吨	3 吨	运煤吨数

接着 4 人小组合作。列表法以前是奥林匹克数学竞赛的范畴，学生个人并不容易理解，需要小组合作共同解决。结果如表 4-2 和表 4-3 所示。

表 4-2 小组一派车方案

派车方案	2 吨	3 吨	运煤吨数
1	1 次	2 次	8 吨√
2	4 次	0 次	8 吨√
3	1 次	1 次	5 吨×
4	1 次	2 次	8 吨√

表 4-3 小组二派车方案

派车方案	2 吨	3 吨	运煤吨数
1	4 次	0 次	8 吨√
2	1 次	2 次	8 吨√
3	2 次	2 次	10 吨×
4	0 次	3 次	9 吨×

情况分析：学生虽然在一、二年级对列表有所接触，但真正用列表来解决问题还是第一次，所以根据以往的知识经验，他们会出现以上重复、多余、多次列举和遗漏的现象。从以上两种情况可以看出，他们寻找答案的过程是无序的。于是让他们通过展示、比较寻找快速解决问题的"窍门"，产生列举要"有序"的需求。

（二）掌握策略，有序列举

我让同学们思考两个问题：一是定位，哪个位置最关键？"万事开头难"，最关键的位置定好了（如表4-4所示），其他的就水到渠成了。二是定数，先填哪个最好？要"有序"列举，不是0、1、2、3、4就是4、3、2、1、0。

表4-4　派车方案定位表

派车方案	2 吨	3 吨	运煤吨数
1	最关键的位置		
2			
3			

学生们很快就完成第二列的填数，接着完成如下分析和表4-5：

派车方案1是先考虑全部用2吨的车去装8吨煤，正好运4次，接着依次分析，完成派车方案2、3、4、5，有序的表格就自然生成了。

表4-5　派车方案定数表

派车方案	2 吨	3 吨	运煤吨数
1	4 次	0 次	8 吨√
2	3 次	1 次	9 吨
3	2 次	2 次	10 吨
4	1 次	2 次	8 吨√
5	0 次	3 次	9 吨

最后归纳策略：

（1）定位：第2列第一个位置。

（2）定数：第2列的数。

（3）分析完成表格。

俗话说得好，"授之以鱼，不如授之以渔"。通过这样的"窍门"，引导学生进行有序思考，让学生参与解决问题活动的全过程，经历列表法——列举的过程，积累解决问题的经验，达到快速填表，找到解决问题的方法。

二、 在 "同类问题" 中应用列表法

学生通过以上环节初步感知了用列表法解决问题。在实际生活中还有租车、租船、付款等同类问题，都可以用列表法解决。

如"付款问题"（三年级上册第33页"做一做"）："小明有5元和2元面值的人民币各6张。如果要买一个30元的书包，他可以怎样付钱？"学生1的解答如表4-6所示。

表4-6　付钱方案表

付钱方案	5元	2元	总钱数
1	6张	0张	30元√
2	5张	3张	31元
3	4张	5张	30元√

生2：反之第2列依次为4、5、6张，第3列依次为5、3、0张，也能找到答案。

又如"租船问题"（三年级上册第35页第7题）："小船限坐4人，大船限坐6人，我们一共28人。（1）如果每条船都坐满，可以怎样租船？（2）如果租一条大船10元，租一条小船8元，哪个租船方案最省钱？"学生通过列表法也能找到答案（见表4-7）。

从学生的答题过程可以看出，在碰到"租车、租船、付款"等同类问题时都懂得使用策略：先定位，再定数，分析完成表格，最后顺利解决问题。学生从中深刻感受到列表法的特点和价值，明白有序思考的重要性。

三、 在 "问题解决" 中推广列表法

学生从感知列表法到应用列表法，基本上具备了有序思考的能力。但这还不够，还需要让学生在解决问题时从不同角度去列表分析，加深对解题策略的认识，感受数学的基本思想和方法。如上述"租船问题"，学生的解答如表4-7所示。

表4-7　租船方案表

租船方案	4人	6人	人数	价格
1	7条	0条	28人√	56元
2	6条	1条	30人	58元

租船方案	4 人	6 人	人数	价格
3	5 条	2 条	32 人	60 元
4	4 条	2 条	28 人√	52 元
5	3 条	3 条	30 人	54 元
6	2 条	4 条	32 人	56 元
7	1 条	4 条	28 人√	48 元√
8	0 条	5 条	30 人	50 元

生：租船方案 1、4、7 都可以坐满，方案 7 最省钱。

通过列表分析发现：从省钱的角度来看，只有方案 7 是最省钱的。再通过引导学生观察大、小船的数量和费用之间的关系，全部坐小船，平均每人要 2 元（56÷28＝2），全部坐大船平均每人不到 2 元（50÷28＝1……22），既租大船又租小船的，平均每人的价钱在 1 到 2 元之间，因此租大船越多越省钱。让学生从中充分感知"优化"的数学思想。

可见，教师引导学生感知列表法—应用列表法—推广列表法，层层推进，经历有序思考的全过程，学生解决问题的能力、创造力和可塑性是非常强大的。

第四节　估算能力

修订版教材对估算教学进行了适当调整，将估算教学内容融于"问题解决"教学之中，同时明确估算的教学应该以体会估算的作用、掌握估算的技能、对计算结果的预测与合理性分析等作为教学目标。教材将估算应用于解决实际生活问题，使估算更具实用性了。但由于实际生活中的估算问题具有开放、推理和策略性的特点，使学生在估算时不但要估算，还要用计算结果做推理和判断，显然难度加大了。于是，如何在教学中培养学生的估算能力，使其在解决实际生活问题时能灵活选用正确的策略成为我们亟待解决的问题。

我们先来明确什么是估算及估算能力。估算是指近似地猜测事物数量的行为。而估算能力则指个体懂得在什么情况下无法或不必做出精确的数字处理或数字运算，而应用相关数学知识和策略给出近似答案的能力。培养学生的估算能力，不仅要让学生体会估算的意义，还要让学生掌握估算的策略和方法。

一、 要让学生体会估算的必要性

生活中有很多实际活动是不需要得出精确值的。例如图 4 – 18 这道题：

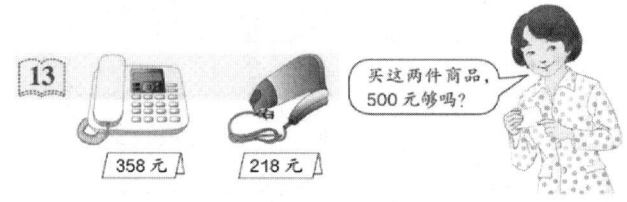

图 4 – 18　数学二年级下册第 96 页例 13

已知两件商品的价格，问："买这两件商品，500 元够吗？"很明显，题目并不要求计算出精确值，只需要判断够或不够就可以了。第一次接触估算的学生，很容易想到直接列式计算，看结果超没超过来解决问题。这时候，教师应该引导学生从问题入手分析，指出不需要用精确计算的原因并提出直接用估算解决问题更合适。教学时要让学生明确估算是解决问题的策略之一，让学生感受到根据需要找一个数的近似数是估算的基础。然后，通过练习呈现用估算解决问题的各种活动，体会用估算策略解决生活问题的必要性。

二、 要让学生明晰估算与精确算的区别

学习估算后，判断什么情况下可以用估算解决问题，什么情况下必须精确计算，这是学生迫切需要解决的问题，进行对比练习是最好的方法。

如图 4 – 19 这道题，结合具体的购物情境，通过两个不同的问题，让学生学会选择不同策略解决问题。教学中，首先要让学生明晰两个问题的相同点和不同点。两道题都需要计算三种商品总的价格，问题（1）不需要得出精确数，用估算就可以了，而问题（2）必须要精确计算。学生在解决具体问题的过程中初步体会什么情况下需要用精确计算，什么情况下适合用估算，灵活选择不同的策略解决问题。

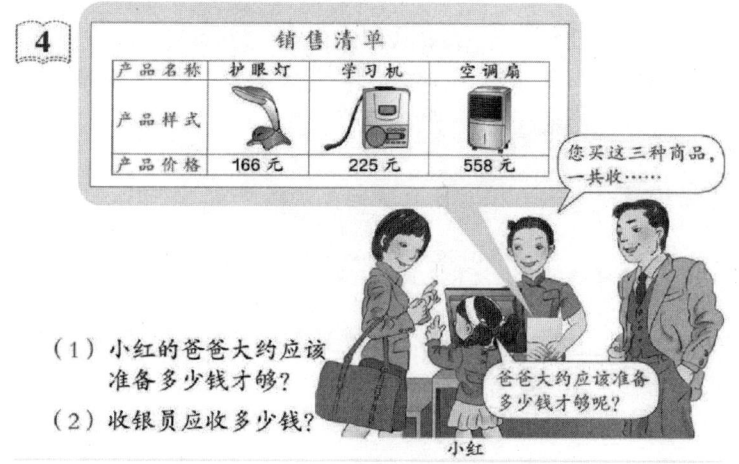

图 4-19　数学三年级上册第 43 页例 4

三、　要让学生体验估算方法的适切性

适切性主要是指事物与其他相关因素的协调统一程度，是否针对、适应、切合某方面的需要。估算的方法灵活多样，会因内容和实际情况的变化而变化，哪种策略适合哪种情境需要学生根据具体情况进行选择。

（一）　选择适当的单位进行估算是核心

《义务教育数学课程标准（2011 年版）》中指出："能结合具体情境，选择适当的单位是第一学段估算的核心。"估算单位的选择，对于问题解决有关键性的作用。估算时要根据不同的情况选择不同的单位，有时需要把数据看作整百数，有时需要把数据看作整十数，必须做出正确的判断，否则即使估算的策略选择正确了，也可能解决不了问题。

如图 4-20 这道题，用估算的方法分别把一到三年级的人数和四到六年级的人数看作与它们接近的整百数，明显不能正确判断学生是否坐得下，必须分别把这两个数看作与它们接近的整十数进行判断才能解决问题。教学中，要让学生经历策略的调整过程，认识到选择适当单位进行估算的重要性。

图 4 – 20 数学三年级上册第 15 页例 4

（二） 正确判断往大估和往小估是估算的重要策略

什么情况要往小估，什么情况要往大估是学生最难把握的难点。它需要学生通过大量的练习，在不断积累的经验中感悟和总结。上述图 4 – 20 的题目，采用的就是往小估的策略。将一到三年级的人数和四到六年级的人数通过估算相加得出的中间数与座位数比较，仍大于座位数，所以六个年级的学生是肯定坐不下的。又如图 4 – 21 这道题。

图 4 – 21 数学五年级上册第 15 页例 8

解决第一个问题采用往大估的策略。利用不等式的性质：1 袋大米小于 31 元，两袋大米就小于 62 元，肉不到 27 元，再买一盒鸡蛋 10 元，总共小于 62 + 27 + 10 = 99 （元），所以剩下的钱够买一盒 10 元的鸡蛋。而解决第二个问题则采用往小估的策略，同样利用不等式性质：一袋大米超过 30 元，两袋大米超过 60 元，0.8 kg 肉也超过 25 × 0.8 = 20 （元），如果买 20 元的鸡蛋，总共就超过 60 + 20 + 20 = 100 （元），所以剩下的钱不够买一盒 20 元的鸡蛋。第一个问题即使往大估仍然够，而第二个问题就算往小估也不够，让学生经历解决这一问题的全过程，明确要根据实际问题和数据选择适当的估算策略。

估算是一种开放型的创造性活动，在日常生活中有广泛的应用；估算的策略灵活多变，往往带有很多不确定因素。这就需要教师加强对估算方法的指导，持之以恒地给学生创设各种估算的情境，培养学生的估算意识；通过各种教学活动让学生积累估算的经验，正确运用估算策略解决实际问题，提高学生的估算能力。

第五节 抽象思想和数量关系

《义务教育数学课程标准（2011年版）》指出："数学思想蕴涵在数学知识形成、发展和应用的过程中，是数学知识和方法在更高层次上的抽象与概括，如抽象、分类、归纳、演绎、模型等。"其中最基本的数学思想是抽象、推理、模型。在义务教育阶段应结合具体的教学内容逐步渗透数学的基本思想。

数学抽象是对现实世界具有数量关系和空间形式的真实材料进行加工，提炼出共同的本质属性，用数学语言表达进而形成数学理论的过程。用任何数学知识解决纯数学问题或联系实际问题都需要计算、推理、构建模型，都离不开抽象。关于抽象思想，史宁中教授认为就抽象的深度而言，大体可以分为三个层次：一是把握事物的本质，把复杂的问题简单化、条理化，能够清晰地表达，称为简约阶段；二是去掉具体的内容，利用概念、图形、符号、关系表述包括已经简约化了的事物在内的一类事物，称为符号阶段；三是通过假设和推理建立法则、模式或者模型，并能够在一般意义上解释具体事物，称为普适阶段。在提倡情境教学的数学课堂上，创设情境，而后抽象成数学模型并进行解释与应用，恰恰符合史教授所提出的抽象的第二和第三层次，那抽象的第一层次——简约阶段在哪里体现呢？本节以"单价、数量和总价"这一数量关系的形成过程为例做简单阐述。

一、 渗透数量关系， 抽象思想初感悟

一个数学思想的形成需要经历一个从模糊到清晰、从理解到应用的长期发展过程，需要在不同数学内容的教学中，通过提炼、总结、理解、应用等循环往复的过程逐步形成，学生只有经历这样的过程，才能逐步"悟"出数学知识、技能中蕴含的数学思想。

如在教学二年级上册第78页例3"用乘法解决问题"时，在"怎样解答"环节让学生用画图表征"几个几"，强调用乘法的意义选择乘法运算解决问题后，"解答正确吗"这个环节借用小精灵的话对数学关系进行总结和概括："求3个文具盒的总钱数，可以用1个文具盒的价钱乘买的个数。"让

学生初步感悟"单价×数量＝总价"这一数量关系。接着在解决"想一想：买7块橡皮，一共多少钱"这个问题时，同样是在"解答正确吗"这个环节让学生尝试通过说说"求7块橡皮的总钱数，可以用1块橡皮的价钱乘买的块数"进行巩固。然后，在"你还能提出其他用乘法解决的问题并解答吗"这个环节中鼓励学生仿照例题说想法。最后课堂小结时教师根据一系列的购物活动让学生明确：求物品的总钱数，可以用1个物品的价钱乘买的个数。通过以上三个层次的教学，在学生深化理解乘法意义的同时，把一系列看似复杂的购物活动简单化、条理化，并教会学生用一句话清晰表达解题方法，初步感悟抽象思想。

又如教学二年级下册第42页例3"用除法解决问题"时，在"解答正确吗"环节让学生说出检验的方法。根据以往积累的经验，学生很自然就说出"用56元除以一个地球仪8元，算出买了7个地球仪"这句话，渗透"总价÷单价＝数量"这一数量关系。在"想一想"环节，解决"如果24元买了6辆汽车，一辆汽车多少钱"问题时，在"解答正确吗"这个环节同样用一句话说出解题的方法，渗透"总价÷数量＝单价"这一数量关系。

当然，在渗透数量关系时切记要把握好"度"，二年级的教学只要求学生能结合具体情境多次体验、感悟、积累"乘法模型"和"除法模型"的典型实例，初步感悟抽象思想，并不需要进行高度的抽象概括，所以数量、单价和总价这些名词不宜在这里出现。

二、 分析数量关系， 抽象思想再感悟

数学知识和数学思想是紧密联系的，数学知识的发生、发展过程，也是数学思想发生和凸显的过程，抽象思想也不例外。例如：教学三年级上册第71页例8"用乘除两步计算解决含有'归一'数量关系的实际问题"时，在"分析与解答"环节，通过小精灵和学生的对话提示思考的步骤，分析数量关系，用一句话"3个碗18元，用除法能求出1个碗的价钱"清晰表达了解题方法，渗透"总价÷数量＝单价"这一数量关系；接着同样用一句话"要买8个这样的碗需要多少钱，就是求8个这样的价钱相加的和，用乘法计算"归纳解决方法，渗透"单价×数量＝总价"这一数量关系。同册教材第72页例9"用乘除两步计算解决含有'归总'数量关系的实际问题"以同样的方法引导学生分析数量关系解决问题。

以上例8和例9的教学是在学生掌握了"乘法模型"和"除法模型"，对单价、数量和总价三者的数量关系有了一定的认识和感悟的基础上进行的教学，所以学生在学习"用乘除两步计算解决问题"这个知识，分析"归

一"归总"题型的数量关系的同时，实现了抽象思想的再感悟。教材除了用例题以"问题解决"形式让学生在巩固乘除法意义的学习中逐步感悟单价、数量和总价三者之间的数量关系外，还在三年级上下册的一些练习中不断出现这三者数量关系的习题，让学生积累丰富的解题经验，为数量关系的提炼打下基础。

三、 提炼数量关系， 领悟抽象思想

抽象思想需要学生通过不断重复和深入的思考，才能逐步"领悟"。四年级上册第 52 页例 4（如图 4 – 22 所示），"单价、数量和总价"的数量关系正式出现，宣告了史宁中教授指出的抽象思想三个层次中的第一阶段——简约阶段结束，正式进入第二层次——符号阶段。

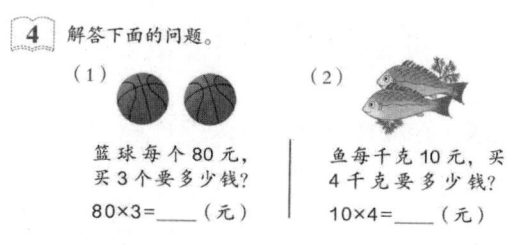

图 4 – 22　数学四年级上册第 52 页例 4

由于学生在前面的学习中已经积累了丰富的经验，所以很容易就能解决问题，接着通过学生的对话，教师提出问题："这两个问题有什么共同点？"引导学生从两个问题的相关性入手，归纳出两个问题的共同点，进而提炼出"单价、数量和总价"三个概念，最后以小精灵的问题："你知道单价、数量与总价之间的关系吗？"放手让学生用简洁的语言归纳数量关系：单价 ×数量 ＝总价。这之后的一系列的学习活动无非就是让学生充分巩固这一数量关系，并通过各种练习提炼出另外两个数量关系式"总价 ÷数量 ＝单价"和"总价 ÷单价 ＝数量"。

教材对于"单价 ×数量 ＝总价"这个数量关系的教学经历了二年级在检验环节的初步感悟，到三年级在"分析与解答"环节的再次感悟，最后到四年级以例题形式正式提炼，可谓用心良苦。这样的安排无疑是符合 7 ~ 9 岁的孩子正处于具体思维向形象思维过渡这个年龄和认知特点的。

综上所述，数学思想方法贯穿于数学知识的形成、发展和应用的过程中，作为最基本的三大数学思想之一的抽象思想也不例外，它需要教师充分挖掘教材的编写意图，根据学生的年龄特点和认知特点，根据教材不同程度的要求在教学中不断引导，逐步渗透。

附录一 "解决'正好'问题"教学实录与评析

广州市荔湾区耀华小学陈翠燕

教学内容：人教版小学数学教材一年级下册第 58 页。

教学目标：

1. 知识与技能：

使学生会综合运用所学的人民币的相关知识解决购物中如何把钱正好用完的简单实际问题。

2. 方法与过程：

引导学生经历解决问题的过程，了解不同的解题策略，积累解决问题的方法和经验，初步学会有序思考。

3. 情感态度与价值观：

沟通生活和数学之间的联系，引导学生感受数学的应用价值，体验解决问题方法的多样性和策略的优化性，培养学生的应用意识。

教学重点：引导学生在解决问题的过程中了解不同的解题策略。

教学难点：指导学生有序思考。

教学过程：

（一）创设情境，有序排列

1. 情境导入，引出问题。

师：同学们你们喜欢看书吗？星期天，妈妈带着小明到新华书店看书，小明找到四种喜欢看的书。你能说出这些书的名称吗？

出示：

（生分别读出书的名称）

师：可是妈妈说："今天只能选其中的两种。"小明有哪些选择呢？你能帮助小明吗？

学生动手操作，摆一摆，说给同桌听。（同桌说，互相补充）

生1：《我是小学生》和《画报》，《卡通世界》和《连环画》。

生2：《我是小学生》和《连环画》。

生3：《画报》和《连环画》，《卡通世界》和《我是小学生》。

生4：《画报》和《我是小学生》，《连环画》和《我是小学生》。

……

（学生汇报，教师贴出学生罗列的各种搭配，发现搭配混乱，有重复、遗漏现象，从而引出"有序"的重要性）

2. 产生混乱，激发兴趣。

师：同学们罗列了很多种不同的情况，这些情况有的重复了，有的遗漏了，那么怎样才能把所有的情况都列出来，而且不重复、不遗漏呢？（片刻后）我们可以先选定一本，然后按顺序一本一本罗列。

（引出"有序"，教师引导学生从左往右依次写出四本书名，在尝试搭配时进行连线）

生：《我是小学生》和《画报》，《我是小学生》和《卡通世界》，《我是小学生》和《连环画》。

师：《我是小学生》还能连线其他的书吗？

生：不能了。

师：《我是小学生》不能再连线其他的书了，所以我们再从《画报》开始连线。

生：《画报》和《卡通世界》，《画报》和《连环画》，不能再连线了。

生：最后连线《卡通世界》和《连环画》。

师：这样有顺序地从左往右连线进行列举的方法称为"有序罗列"的方法。

（通过观察出示下图，并整理板书）

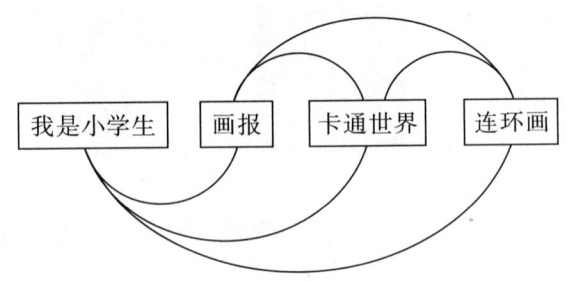

我是小学生　画报　卡通世界　连环画

（回顾罗列的方法：全班根据连线的顺序依次读出四种选其中两种的书籍名称）

3. 小结搭配方法。

可从左往右先选出一本，用这一本分别与其他三本有顺序地一一搭配起来；再选出一本，用这一本与剩余的两本有顺序地一一搭配起来；最后把剩余的两本搭配起来。（注意同一方向，不回头）这样的方法叫作"有序罗列"。

【评析：谈话引入，通过四种书选其中两种，从学生的无序无规律罗列引发混乱，再指导学生有序思考，感受有序的重要性，体会有序思考的优势。】

（二）尝试调整，学习新知

1. 理解题意，获取题目信息。

妈妈说："如果只有13元钱，正好可以买哪两种书呢？"

师：妈妈的话是什么意思？你能根据妈妈的要求来选择吗？这也是我们今天要学习的"解决问题"。

（板书课题：解决问题）

师：题目究竟问什么？（全班齐读问题）

　　多少钱？买什么？怎么买？（画出关键字）

　　"正好"是什么意思？

生1：题目知道了13元正好买两种书。

生2：正好是指刚好用完13元，没有多也没有少。

师：对，就是买两种书的总价钱不能多于13元，也不能少于13元，要刚好等于13元，没有找零。

师：那么要选择买哪两本书还需要知道什么信息？

生：每种书的价钱。

【评析：围绕购物的事情，创设一个现实的生活情境，将学生置身于现实问题的情境中，把学生的学习活动同现实生活紧密联系起来，可以调动学生多种感官参与学习，激发学生的好奇心和求知欲望，体验生活是数学的源泉，了解数学的价值。同时注重对题意的分析，重在让学生抓住关键词"正好"，正确地理解问题。】

2. 引导学生思考，学习"尝试—调整"策略。

（1）体验解决问题的过程。

师：小明任意选了下面两种书后发现它们的价钱如下：

6元　　　　　　　8元

师：你能求出要付多少钱吗？怎么解答？

生：6＋8＝14（元），比13元贵了，不符合要求。

师：那该怎么办？

生：可以把其中一种换成价钱少一些的，也可以把两种都换成价钱少一些的。

师：小明接受大家的建议，他准备换一种价钱少一些的书，请你们帮他想一想可以怎么换。

生1：可以把8元的书换成7元的，6＋7＝13（元）。

6元　　　　　　8元　　　　　　　7元

生2：也可以把6元的书换成5元的，5＋8＝13（元）。

5元　　　　　　6元　　　　　　8元

师：还有不同的调整方法吗？

生：也可以把两种都换成价钱少一些的。

师：可以把两种都换成价钱少一些的，换成这两种书行吗？

7元　　　　　　　　5元

生：把两种都换成价钱少一些的，总价就比13元少，不符合要求了，所以不能两种都换。

（2）小结解题策略。

教师引导学生回顾：刚才我们怎么学习的？先想什么，再想什么？……

师小结：有时候，我们不能一次就找到正确的答案，但是我们可以根据试算的结果和要求有方向性地进行调整。如果试算的结果大了，我们可以调整成小一些的；如果试算的结果小了，我们还可以再调整成大一些的，直到找出正确答案为止。这种解决问题的方法叫作"尝试—调整"。

（板书：尝试—调整）

【评析：在教师的引导下，学生积极探索，主动参与，大胆发言，其学习兴趣和求知欲被有效激发。解决问题的本身不是目的，教学活动应注重让学生经历解决问题的过程，体验调整的方向性，理解"尝试—调整"的教学策略。】

3. 有序列举，验证结果。

师：刚才我们通过有序罗列，不重不漏地列出四种选两种的所有情况，也可以作为解答的办法。你能算出各种情况的价钱吗？

（生说出算式，课件展示，并勾出符合要求的）

第一种：$5+6=11$（元）　　　第二种：$5+8=13$（元）√

第三种：$5+7=12$（元）　　　第四种：$6+8=14$（元）

第五种：$6+7=13$（元）√　　　第六种：$8+7=15$（元）

师：解答正确吗？你能通过这两种方法的计算正确找出小明买的两本书吗？

生：第二种和第五种符合正好13元的要求。

小结解题策略：这种有序罗列的方法可以让我们不遗漏、不重复地找到所有的搭配方法，然后分别算出总价，看看哪种搭配正好是符合要求的，符合要求的就是正确答案。这种解决问题的方法叫作"有序罗列"。

（板书：有序罗列）

【评析：由于例题中的数量关系比较简单，计算也是 20 以内的加减法，因此教师应注重让学生说明思考过程，引导学生经历运用策略有序排列来解决问题的过程，学会在解决问题时优化策略，为后面应用策略的教学做准备。】

（三）运用策略，解决问题

1. 完成教材第 58 页 "做一做"。

16 元钱正好能买下面哪两种物品？

4 元　　　　　　6 元　　　　　　7 元　　　　　　9 元

师：你从题目中知道了什么？求什么？

生：16 元钱正好买下面的两种物品。

师：怎样解答？

生：$7 + 9 = 16$（元）。

师：你能说说你是怎么想的吗？

生：我一眼就看到了。

师：你的口算能力真棒。那么你在看的时候是先看哪两个数？再看哪两个数？

生：我先看到 $4 + 6 = 10$，不够 16，再看 $7 + 9 = 16$，正好 16 元。

师：这样一眼看到其实也是尝试的过程。那么你还能运用今天所学的有序罗列的方法再看一次进行检查吗？可以通过连线的办法，画出你的想法。

（学生动手连线，再次说出罗列的方法）

生：果汁糖和挂钩，果汁糖和小汽车，果汁糖和《童话选集》，挂钩和小汽车，挂钩和《童话选集》，小汽车和《童话选集》。

生：$4 + 6 = 10$，$4 + 7 = 11$，$4 + 9 = 13$，$6 + 7 = 13$，$6 + 9 = 15$，$7 + 9 = 16$，符合的只有 $7 + 9 = 16$（元）。

【评析：由于这道题的计算比较简单，因此教师偏重于训练学生运用"有序罗列"的策略，指导学生有序思考，巩固所学的策略。通过分别用两种不同的策略来解决问题，学生体会到有序思考的优势，提高了应用数学的意识。】

2. 完成教材"练习十三"第 4 题。

4. 用10元钱正好能买下面哪两种物品？

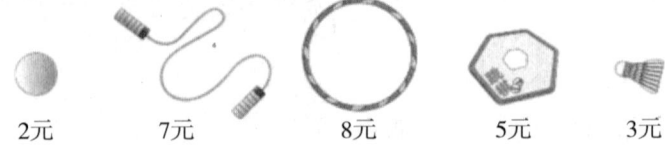

2元   7元   8元   5元   3元

师：你知道了什么？你是怎么想的？

生：10元正好买两种物品，想10的分与合，有 $2+8=10$（元）和 $3+7=10$（元）。

师：还有不同想法吗？

生1：$2+3+5=10$（元）。

生2：不行，是两种物品，不是三种。

（让学生选择喜欢的策略解决这个问题，再汇报交流）

【评析：重在展示思维过程，运用策略解决问题。】

3. 完成教材"练习十三"第 8 题。

8. 猜一猜：篮球的价钱是多少？

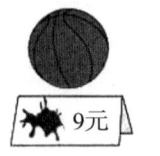 

买这个篮球我付了1张 ，找回的钱比5元少。

9元

（1）引导学生正确理解题意。

（2）同桌合作，探究解决问题的策略。

（3）学生汇报交流时，教师引导学生分析"付了多少钱"和"找回多少钱"的关系，板书呈现学生的思考过程，指导学生有序思考。

付出的钱	找回的钱	篮球的钱
	4 元	46 元
50	3 元	47 元
	2 元	48 元
	1 元	49 元

（4）回顾解决问题的过程。

师：你知道了什么？先与同桌说一说，再想想怎么解答。

生：50元买篮球，图上还看到9元，所以我选49元。

师：说的真棒。找回的钱比 5 元少，所以可能找回几元？

生：4 元、3 元、2 元、1 元。

师：所以我们也可以按找回的钱分别想 50 元找回 4 元、3 元、2 元、1 元可能出现的结果后再判断。

【评析：教师引导学生参与理解问题、分析问题、解决问题的过程，帮助学生巩固所学策略，体验有序思考的优势，提升思维能力。】

（四）回顾总结

师：今天我们解决了许多有关人民币的问题，你学到了哪些解决问题的方法？

生1："有序罗列"的方法和"尝试—调整"的方法。

生2：我会按题目要求把多的价钱改少一点，把少的价钱改多一点。

【评析：引导学生回顾解决问题的过程，巩固所学的策略，提高应用能力。】

（广州市荔湾区耀华小学卢映芬老师评析）

附录二　"用乘法解决问题"教学实录与评析

广州市荔湾区耀华小学卢映芬

教学内容：人教版二年级上册教材第78页例3和第79页相应内容。

教学目标：

1. 加深对乘法意义的理解，并初步学会根据乘法的意义解决生活中有关求总价是多少的实际问题，初步渗透"单价×数量＝总价"这一数量关系。

2. 培养学生从具体的生活情境中发现问题，根据问题筛选出有用信息进而解决问题的能力。

3. 进一步培养学生用画图、语言叙述等方式表征问题结构。

4. 在解决问题的过程中使学生感受到数学知识与日常生活的联系，培养学生的应用意识。

教学重点：

1. 加深对乘法意义的理解。

2. 引导学生根据问题筛选出有用信息从而解决问题。

教学难点：根据乘法的意义解决求总价是多少的实际问题，初步渗透"单价×数量＝总价"这一数量关系。

教学过程：

一、谈话引入

师：老师今天给二年四班的同学上课，对表现好的同学，我准备给他发小红花。你们自己在心里算一算这节课你能得到多少朵。（出示课件）看！这种叫作五瓣花？知道为什么吗？

生：因为一朵花有5片花瓣。

师（出示课件）：继续看！有几朵花？

生：有3朵花。

师：求3朵花一共有几片花瓣，该怎么列式？

生：$5 \times 3 = 15$（片），还可以 $3 \times 5 = 15$（片）。

师：为什么用乘法？

生：求3朵花有多少片花瓣就是求3个5是多少。

师引导学生完整说：1朵花有5片花瓣，3朵花的花瓣就是3个5，所以用乘法计算。

师：通过前面的学习我们知道了求几个几是多少用乘法计算，今天我们继续用乘法的知识来解决身边的问题。（揭示课题：解决问题）

【评析：谈话引入用乘法解决问题，让学生回忆乘法的意义，既复习了旧知，又能为下面的学习做好铺垫。】

二、探究新知

师：还记得解决问题的三个步骤吗？

（生说出解题步骤，师板书：知道了什么、怎样解答、解答正确吗）

师：今天，我们继续用这三个步骤来学习。

1. 收集信息，完整表述题目。

（出示例题局部图：文具店中文具的价格部分）

师：小明到文具店买东西，从这幅图中你知道了什么？

生：一块橡皮2元，一支铅笔3元，一个文具盒8元，一本日记本4元。

（师粘贴文具价格，继续出示例题完整图）

师：还知道什么？

生：买3个文具盒，一共多少钱？

师：要解决"买3个文具盒，一共多少钱"这个问题需要用到这些信息中的哪个？

生：一个文具盒8元。

（让学生到信息中找出"一个文具盒8元"并贴到相应的位置）

师：为什么不找其他信息？

生：因为要求的是3个文具盒一共多少钱。

师：也就是说要找和问题相关的信息来解决问题，对吧？题目完整了吗？

生：完整了。

师：一起读题。（生齐读题）

【评析：①从局部到整体让学生看图找信息和问题，渗透阅图的有序性；②引导学生说出求"买3个文具盒，一共多少钱"必须知道"1个文具盒的价钱"这个单一量，运用了分析法；③引导学生说出要解决"买3个文具盒，一共多少钱"这个问题需要用到"一个文具盒8元"的信息，培养了学生的信息筛选能力。】

2. 根据乘法的意义解决问题。

师：怎样解答？请同学们用画一画的方法把题目的信息和问题表示出来。

（大约2分钟后）

师：画完的同学，请和同伴说说你的想法。（片刻）下面我们请几位同学上来将他的想法说给大家听！

生1：我用一个圆形表示1元，8个圆形表示一个文具盒8元，3个文具盒就是3个8。

3个8

生2：我用一个三角形表示1元，8个三角形表示8元，买3个文具盒就是3个8。

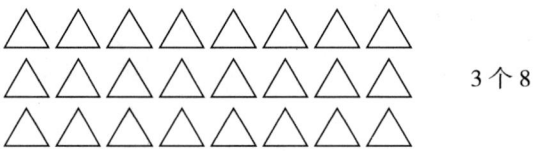

3个8

生3：我用一个圆形表示一个文具盒8元，3个文具盒就是3个8。

师：这三位同学都说了自己的想法，哪一种方法比较好？

生齐答：第三种。

师：为什么？

生：简单、方便、不用画太多……

师：说得太好了，在图下面添上大括号表示一共"？元"会更完整。

（在黑板上贴规范完整的图）

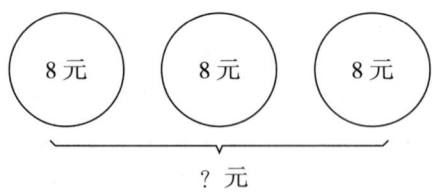

？元

师：怎样列式？

生：$8 \times 3 = 24$（元）或 $3 \times 8 = 24$（元）。

师：为什么用乘法计算？

（师引导学生完整表述）

生：1个文具盒8元，3个文具盒就是3个8元，用乘法计算。

师：8 表示什么？

生：1 个文具盒的价钱。

师：3 呢？

生：买 3 个文具盒。

师：也就是"买的个数"。

师：那 24 呢？

生：表示 3 个文具盒一共多少钱。

师：也就是 3 个文具盒的总钱数。

（师根据学生的回答在列式的下面相应板书）

【评析：①引导学生从以往的"一一对应"的画图方法向"一个图形代表一个抽象的量"这种半抽象画图方法过渡，为三年级画线段图的学习奠定基础。②通过图画表征、语言表征和算式表征加深学生对乘法意义的理解。】

3．回顾与反思。

师：解答正确吗？怎样检验？

生 1：用加法检验。

（师引导：可以看着图用加法算一次）

师：还能怎样检验？

生：重新算一次。

（教师引导学生说出：求 3 个文具盒的总钱数，可以用 1 个文具盒的价钱 8 元，乘买的个数 3。将算式下的板书重组：求 3 个文具盒的总钱数可以用 1 个文具盒的价钱乘买的个数）

师：请同伴将这句话互相说一次。（片刻后）我们一起再读一次。

（师生一起口答）

4．质疑。

师：今天我们学习的是课本第 78 页的例 3，请翻开课本第 78 页，把例题完整地看一次。（片刻后）将"1 个文具盒 8 元，3 个文具盒就是 3 个 8 元"和"买 3 个文具盒的价钱，可以用 1 个文具盒的价钱乘买的个数"画起来并齐读。

【评析：在"解答正确吗"引出小精灵说的话，初步渗透了"单价×数量＝总价"这个数量关系，通过同伴互说和全班齐读加深对这一数量关系的初步印象。】

5．小结。

师：刚才我们解决了"买 3 个文具盒，一共多少钱"的问题，如果买 5 个文具盒呢？买 6 个、7 个呢？怎样列式解答？

（生回答，师出示课件）

师引导学生小结：这些题目都是求买几个文具盒的总钱数，可以用 1 个文具盒的价钱乘买的个数。

【评析】：让学生通过购买文具盒的情境，经历完整的解决问题的全过程。小结中教师以谈话的语气自然地引出"买 5 个文具盒一共多少钱？买 6 个、7 个呢"等问题，让学生通过思考，体会不管买多少个文具盒，只要是求文具盒的总钱数，都可以用 1 个文具盒的价钱乘买的个数，加深学生对"单价×数量＝总价"这个数量关系的感悟。】

三、基础练习

1. 想一想：买 7 块橡皮，一共多少钱？

（学生独立完成）

学生列式：2×7＝14（元），并口答。

师：2 表示什么？

生：表示一块橡皮 2 元。

师引导学生说：也就是说解决这个问题需要这些信息中的"一块橡皮 2 元"。

【评析】：学以致用，进一步培养学生的信息筛选能力。】

2. 你能根据这些信息提出其他用乘法解决的问题吗？

两人合作完成：

（1）提问题并解答。

（2）跟同伴说说你的想法。

（同伴互说，教师巡视，大约 3 分钟后）

师：刚才有同学跟我说，他没有想法。没关系，我们待会儿就听听有想法的同学是怎样说的。

生1：我提的问题是"买 4 支铅笔一共多少钱"，列式计算是 3×4＝12（元）。

师：能说说你的想法吗？

生1：我的想法是 1 支铅笔 3 元，买 4 支铅笔就是 4 个 3 元，用乘法计算。

师：说得真好，你是从乘法的意义来说的。

生2：我提的问题是"买 5 本日记本一共多少钱"，列式计算是 4×5＝20（元）。

师：你的想法是怎么样的？

生2：用 1 本日记本的价钱 4 元乘买的本数 5，就可以求 5 本日记本一共多少钱了。

师：说的太棒了。刚才没有想法的同学能参考这两位同学的想法说一说吗？

【评析：这是对前面所学习知识的综合运用，通过学生的想法来了解学生对前面所学知识掌握的情况。】

3．小结。

文具盒、橡皮、日记本和铅笔，我们给它们一个统称叫"物品"。像这些"求3个文具盒一共多少钱""买7块橡皮，一共多少钱"的购物问题，我们都可以用"1个物品的价钱乘买的个数"来解决。接下来我们就运用今天学习的知识一起来解决问题。

【评析：从解决购买文具盒的问题到"想一想"中的解决买橡皮的问题，再到学生自己提出问题并解答这三个层次的教学，让学生多次体验、感悟、积累"数学模型"的典型实例。通过小结让学生明白购买文具所用的方法同样适用于购买其他物品，自然过渡到下面的练习。】

四、综合练习

1．课本第79页"练习十九"第1题。

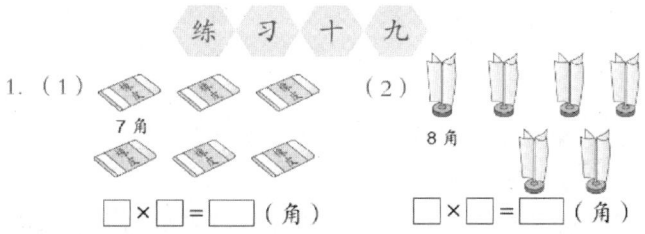

练 习 十 九

1．（1）　7角　□×□＝□（角）　（2）　8角　□×□＝□（角）

（学生独立完成后，请学生说图意，列式计算并说思路）

生1：题目说的是一块橡皮7角，6块橡皮一共多少钱。

列式计算：$7 \times 6 = 42$（角）或$6 \times 7 = 42$（角）。

生2：一个毽子8角，6个毽子一共多少钱？

列式计算：$6 \times 8 = 48$（角）或$8 \times 6 = 48$（角）。

2．选择题（学生用手势判断哪个算式正确并说理由）。

（1）一套《童话故事》共有8本，每本7元。小亮买一套，需要多少钱？

①$8 + 7 = 15$（元）　②$7 \times 8 = 56$（元）　③$7 \times 8 = 56$（角）

师：大部分同学都选②，能说说你们的想法吗？

生1：因为一套《童话故事》共有8本，一本7元，一套就是8个7元，所以用乘法计算。

师：为什么不选③？

生2：单位错了。

师：说的好，解决问题时不但列式计算要正确，还要注意单位名称。

（2）小红到书店买书，以下是各种书的价钱。

安徒生童话	格林童话	科学故事	历史故事
4元	6元	8元	7元

买5本《历史故事》需要多少钱？

① 6×5＝30（元）　　② 8×5＝40（元）　　③ 7×5＝35（元）

师：谁来说说想法？

生1：我选③，因为买的是《历史故事》，所以用《历史故事》的价钱来计算。

【评析：通过两道与生活实际紧密联系的购物问题的练习，既回顾了本节课学习的内容，又使学生感受数学知识与日常生活的紧密联系，培养学生的应用意识。】

五、全课总结

师：今天我们学习了什么知识，你有什么收获？

生1：我们学习了怎样画图更方便。

生2：我们知道了求买3个文具盒的总钱数可以用1个文具盒的价钱乘买的个数。

生3：我们解决了一些购物问题。

……

师：生活中像这样的购物问题有很多，希望同学们能应用今天学习的知识来解决问题，做到学以致用！

【评析：通过回顾，让学生加深对知识的理解和掌握。】

（广州市荔湾区教育发展研究院谭敏霞老师评析）

附录三 "用连除、乘除法解决问题"教学实录与评析

广州市荔湾区耀华小学马丽云

教学内容：人教版小学数学教材三年级下册第53页例4及"做一做"。

教学目标：

1. 让学生经历发现问题、提出问题和解决问题的过程，学会用连除、乘除的方法解决相关的生活问题。

2. 通过解决具体问题，渗透解决问题的两种策略——分析法和综合法，初步体验两种策略对解决问题的作用。

3. 培养学生自主获取信息和解决问题的能力，初步了解同一问题可以有不同的解决方法。

4. 培养学生有意识地对解决问题的过程和策略进行回顾反思的意识与习惯。

5. 让学生感受数学在日常生活中的应用，激发学习兴趣。

教学重点：

1. 学会用连除、乘除法解决相关的实际问题。

2. 初步体验解决问题的两种策略——分析法和综合法，培养学生有意识地对解决问题的过程和策略进行回顾反思的意识和习惯。

教学难点：主动获取信息，运用数学知识解决问题。

教学过程：

一、复习导入

师：请看题，选择正确的答案填空。

（全班齐读题目，学生汇报）

复习导入

选择正确的问题填空

学校合唱队有60人，平均分成2队

A.每队有多少人？

A.每队有多少人？

B.每组有多少人？

师：为什么选择 A？

生：因为要看信息选问题。信息说"平均分成2队"，所以要选"每队有多少人"。

复习导入

选择正确的信息填空

学校舞蹈队有（180人），B.平均分成3队
每队有多少人

A.平均分成3组
B.平均分成3队

师：为什么选择B？

生：因为问题求"每队有多少人"，所以说要选"平均分成3队"。

师：今天我们继续学习解决问题的知识。（板书课题）我们知道解决问题的三个步骤：阅读与理解、分析与解答、回顾与反思，今天继续用这三个步骤来解决问题。（板书三个步骤）

【评析：复习导入设计两道题，让学生根据信息补充问题和根据问题补充信息，熟悉"从问题想起"和"从条件想起"两种思考问题的方法。】

二、探究新知

1. 课件出示例4（生读题）。

三年级女生要进行集体舞表演。老师将参加表演的60人平均分成2队，每队平均分成3组。每组有多少人？

（1）阅读与理解。

师：谁来说说信息和问题？

生："参加表演的60人"，"平均分成2队"，"每队平均分成3组"，问题是"每组有多少人"。

（2）分析与解答。

师：要求"每组有多少人"，要先求什么，再求什么？请同学们先思考一下，然后把你的想法和你的同桌交流一下。（片刻后）能解决这个问题吗？请在堂练本上列式计算。

（教师巡视，学生上台板演）

方法一：$60 \div 2 = 30$（人）　　　$30 \div 3 = 10$（人）

综合算式：$60 \div 2 \div 3 = 10$（人）

方法二：$2 \times 3 = 6$（组）　　　$60 \div 6 = 10$（人）

综合算式：$60 \div (2 \times 3) = 10$（人）

【评析：给学生充分的独立思考的空间，再与同桌交流想法，最后结合

自己与同桌的想法尝试解决问题。】

（生汇报方法一）

师：你先求什么？

生：我根据"表演的60人""平均分成2队"，先求"每队有多少人"。

师：再求什么？

生：再求每组有多少人。

师：你又根据什么再求出每组有多少人？

生：再根据上面求出的"每队有30人"和"每队平均分成3组"这两个信息去求每组有多少人。

师小结：也就是说你是先从已知的"参加表演的60人平均分成2队"这两个条件出发，先求出"每队有多少人"，再根据求出的"每队的人数"和"每队平均分成3组"这两个条件去求"每组有多少人"，对吧？（生：是的）你是从条件出发来分析问题的。（板书：从条件出发）

师：你们能像×××同学这样，将想法和同桌互相说一下吗？

（同桌互说，指名再说一次解题思路）

师：你会列出综合算式吗？（板书：综合算式）

（生板演和汇报）

师（指算式）：先算什么，再算什么？

生：先算"每队有多少人"，再算"每组有多少人"。

（学生汇报方法二）

师：第二种方法，你先求什么？

生：先求"一共有多少组"。

师：为什么？

生：因为问题要求"每组有多少人"，题目已经知道总人数是60人，但没有组数，所以要先求"一共有多少组"。

师：你怎么求出一共有多少组？

生：我是根据"有2队""每队平均分成3组"这两个信息求出"一共有多少组"的。

师：再求什么？

生：再求每组有多少人？

师：你根据哪些信息求"每组有多少人"？

生：根据求出的组数"6"和总人数"60"这两个信息去求每组有多少人。

师小结：刚才我们是从"每组有多少人"这个问题出发来分析的。要求"每组有多少人"就要知道总人数和组数。总人数已经知道了，所以我们要

先求"一共有多少组"这个中间问题，这种分析问题的思路是从问题出发的。（板书：从问题出发）

师：你会列出综合算式吗？

（生板演综合算式）

师：为什么要加小括号？

生：因为要先算出"一共有多少组"。

（学生同桌之间再互相说一说思路）

【评析：教师以问题"先求什么""再求什么""根据什么信息来求"引导学生完整地说出自己的解题思路。接着分别指出方法一是"从条件出发"分析问题，方法二是"从问题出发"分析问题。最后让学生同桌互说来熟悉两种解决问题的策略。】

（3）回顾与反思。

师：回顾刚才我们的解题过程，解答正确吗？

（引导学生说：每组10人，3组30人；每队30人，2队60人；解答正确）

师生小结：今天我们学习了运用连除和乘除混合两步计算来解决问题，既可以从条件出发分析问题，也可以从问题出发来找到中间问题。

（4）看书补充例题和质疑。

师：翻开我们书本第53页的例题内容，补充解答的内容。有不明白的吗？

生：没有。

【评析：让学生经历解决问题的全过程，培养学生有意识地对解决问题的过程和策略进行回顾与反思的意识和习惯。】

三、巩固应用

师：下面，我们就用刚才学过的知识解决生活中的问题。

1. 基础练习：第53页"做一做"。

出示题目：有一种杯子，6个杯子装一盒，8盒装一箱。960个杯子可以装多少箱？

（1）阅读与理解。

（学生读题目，指出已知信息和问题）

师：先圈画重点数据。

生："6个""8盒""960个"。

师：问题是什么？

生："960个杯子可以装多少箱"。

（2）分析与解答，回顾与反思。

师：请同学们先独立思考，然后在书本上解答。完成后同桌交流"你先求什么，再求什么，根据什么列式的"。

（3）全班汇报，感受策略。

（学生汇报分析方法和解答，引导学生列出综合算式）

师：请你说出你的思路。

生1：根据"960个杯子"与"6个杯子装一盒"，先求出"960个杯子可以装多少盒"，再根据求出的"160盒"与"8盒装一箱"这两个信息求出"可以装多少箱"。

师：所以你从什么出发来解决问题的？

生1：我是从条件出发来解决问题的。

师：还有其他方法吗？

生2：有，我是从问题出发来解决问题的。（师示意继续）我根据问题"960个杯子可以装多少箱"找到中间问题，先求"一箱有多少个杯子"，然后根据"6个杯子装一盒，8盒装一箱"这两个信息算出了"一箱有48个杯子"，最后用"960个杯子"和算出来的"一箱有48个杯子"，算出了可以装的箱数。

师：说得真好，思路很清晰！

（4）师生小结。

师：今天我们学习了两种解决问题的策略：一种是从条件出发，另一种是从问题出发。这两种方法能帮助我们迅速找到解决问题的办法。

2. 层次练习，强化策略。

（判断题）陈老师花36元买了3盒肥皂，每盒4块。平均每块肥皂多少钱？

$$
\begin{array}{lll}
① \ 36÷3÷4 & ② \ 36÷4×3 & ③ \ 36÷（4×3） \\
\ \ =12÷4 & \ \ =9×3 & \ \ =36÷12 \\
\ \ =3（元） & \ \ =27（元） & \ \ =3（元） \\
\ \ （\quad） & \ \ （\quad） & \ \ （\quad）
\end{array}
$$

（1）全班读题，审题。

（2）思考分析，手势判断。

师：你认为哪个是正确的？说说你的思路。

生1：我认为①是正确的。因为我根据"36元"和"3盒"，先求出"每盒肥皂多少元"，再根据"每盒肥皂12元"和"每盒4块"这两个信息，求出"平均每块肥皂多少钱"，也就是3元。

生2：我认为③也是正确的。因为我根据"3盒肥皂"和"每盒4块"，先求出"一共有多少块肥皂"，再根据"36元"和"一共有12块肥皂"，求出"平均每块肥皂多少钱"。

师：为什么要加小括号？

生2：要先求一共有多少块肥皂，所以要加小括号。

（回顾与反思，全班作答）

师：刚才同学们都做得不错，有信心继续接受挑战吗？

生：有。

【评析："做一做"是例题的仿照练习，判断题则是进一步的强化练习。通过两道类似的题目，强化分析法和综合法两种解题策略。】

3．生活应用。

平均每场售出多少张票？

（1）阅读与理解。

师：你从图上找到什么数据信息？

生1：昨天和今天共售出954张票。问题是"平均每场售出多少张票"。

师：还有补充吗？

生2：一共有三场表演。

师：你怎么知道有三场表演？

生2：图中有"第一场""第二场""第三场"，也就是一天有三场表演。

师：还有补充吗？

生3：我还找到"昨天"和"今天"一共有"两天"这个信息。

师：你真棒！能找到隐藏在题目中的数据信息。

（2）分析与解答。

（学生思考，在堂练本完成列式，投影学生堂练本答案，学生汇报）

生1：我先求出一天卖出多少张票，再求出平均每场卖出多少张票。

师：这是从哪里出发思考问题的？

生1：这是从条件出发。

师：有其他方法吗？你又是怎么想的？

生2：我是从问题出发的，我这样列式的，$954 \div (2 \times 3)$，先求出一共有多少场表演，再根据954张票和一共有6场表演，求出每场共售出多少张票。

师：你们太棒了！有的同学从问题出发解决问题，有的同学从条件出发解决问题，还有的同学两种策略都学会了。

【评析：通过看电影问题的练习，回顾了本节课学习的内容，同时使学生感受数学知识与日常生活的紧密联系，培养学生的应用意识。】

四、全课小结

师：今天我们学习了什么知识？你有什么收获？

生1：我学习了两种解决问题的策略——"从问题出发"和"从条件出发"来思考问题。

生2：我还学到了用"连除"的方法解决问题。

生3：我还学到了用"乘除混合"的方法解决问题。

师：同学们都学了很多，希望你们将学到的课堂知识运用到现实生活中。

【评析：全课小结既回顾本节课学习的内容，又小结了本节课学习新知识所用的方法，加深了学生对新知识的理解和掌握。】

（广州市荔湾区耀华小学卢映芬老师评析）

附录四 "列方程解决相遇问题"教学实录与评析

广州市荔湾区耀华小学董杰玲

教学内容：人教版小学数学教材五年级上册第79页例5"列方程解决相遇问题"。

教学目标：

1. 理解相遇问题的基本特点，并能列方程解决稍复杂的相遇问题。

2. 利用线段图帮助学生分析数量关系，找到等量关系，正确列方程，提高学生解决问题的能力。

3. 感受数学与生活的联系，培养学生基本的"数学思维的敏捷性、灵活性、缜密性"的思维品质，进一步深化建模、数形结合的数学思想。

教学重点：掌握列方程解决相遇问题的解题方法。

教学难点：分析数量关系，正确列方程解决问题。

教学过程：

一、复习铺垫，迁移导入

师：今天我们继续研究"问题解决"，读题。

生：小明从家出发，每分钟走60米，5分钟到达学校。小明家到学校有多远？

师：口答。

生：$60 \times 5 = 300$（米）。

师：根据什么列式？

生：速度×时间＝路程。

师：几个物体在运动？

生：一个物体在运动。

师：以前利用"速度×时间＝路程"就很容易解决一个物体的运动情况，那么今天我们继续利用这个数量关系式来解决两个物体的运动情况。

（揭示课题：列方程解决相遇问题）

师：解决问题的三个步骤是什么？

生：阅读与理解、分析与解答、回顾与反思。

（教师板书三个步骤）

【评析】通过复习利用"速度×时间＝路程"解决一个物体的运动情况，迁移引入利用"速度×时间＝路程"解决两个物体的运动情况，让学生

回忆了速度、时间、路程三者的关系，既复习了旧知，唤起记忆，又为后面的学习新知做好铺垫。】

二、创设情境，探究新知

（一）阅读与理解

1. 初步理解题意。

（出示如下的情景图）

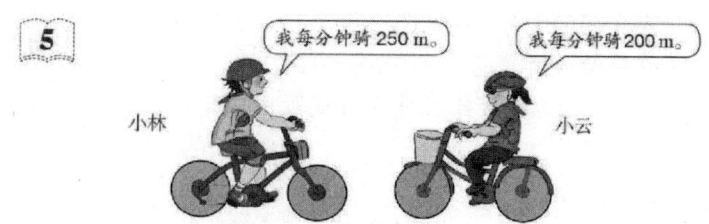

小林家和小云家相距 4.5 km。周日早上 9:00 两人分别从家骑自行车相向而行，两人何时相遇？

师：谁来帮我们读读题目？一边听一边认真思考：你知道了哪些数学信息？

（生读题）

师：已知条件是什么？

生1：小林的速度是 250 m/min，小云的速度是 200 m/min，两家相距 4.5 km。

（师板书）

师：还有补充吗？

生2：早上 9:00 出发。

（师板书）

师：问题呢？

生：两人何时相遇？

（师板书）

2. 模拟动作进一步理解题意。

师：几个物体在运动？

生：两个。

师：怎样运动？你们能否用手势表示一下？

（生手势模拟运动情况）

（师边说边用手势演示，突出"相距""相向而行""相遇"字眼）

（全班学生也跟着老师边说边用手势演示）

师：你们能用线段图把这道题的意思表示出来吗？

（生尝试画图）

【评析："阅读与理解"有两层意思，其一是阅读，其二是理解。通过出示情境图，让学生读题，找到题目里面的已知条件和问题，初步阅读题意；再通过手势模拟运动情况，突出"相距""相向而行""相遇"这些关键字眼，将生活问题转化成数学问题，让学生进一步理解题目的意思。有意识地引导学生有序"阅读与理解"，为后续通过正确画线段图来"分析与解答"打下基础。】

（二）分析与解答

1．画线段图帮助分析题意。

师：同桌互说，交流分享自己所画的线段图。下面就请一个同学上来分享他的画法。

（生1板演）

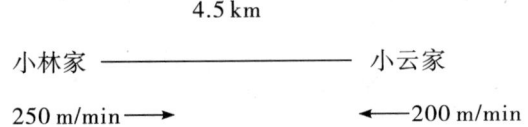

师：相遇点呢？

生1：中间。

其他学生：不对

师：为什么不对？请你说说。

生2：因为小林的速度快点，他所走的路程应该比小云走的要长。

师：所以相遇点是靠左还是靠右？

生2：靠右边。

师：对。我们可以用一面小旗表示相遇点。同学们马上改正自己的图。（片刻后）那么这道题是求什么的？

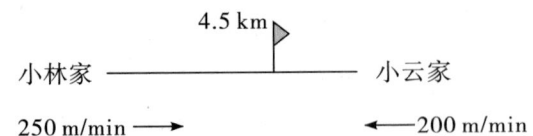

生：相遇时间。

师：他们所走的时间是怎样的？

生1：相同的。

师：为什么？

生1：因为9:00出发，说明同时出发，"相遇"说明同时停止，就说明了两人所走的时间是一样的。

师：非常好！我们现在来看看他们的运动情况。

（师用多媒体演示两人的运动情况）

附

录

【评析：学生在上一环节通过语言、动作表征谈自己对题意的理解，但还是比较抽象，问题的本质还没抓准。运用数形结合思想，把数量关系的问题转化为图形性质的问题，引导学生画出线段图，用线段图表征题目，并利用多媒体，使抽象问题更具体化，则对题目的理解更直观，有助于学生更好地把握数学问题的本质。】

2. 分析线段图找等量关系。

师：他们相遇时，小林和小云分别走了哪段路程？请同学出来指指。

生（边说边指图）：小林家到小旗处是小林骑的路程，小云家到小旗处是小云骑的路程。

师生总结并画出线段图：

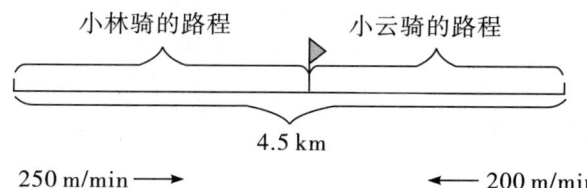

师：相遇时，哪段是小林走的，哪段是小云走的？他们行驶的路程与两地的距离有怎样的关系？把它写出来。

生：小林骑的路程 + 小云骑的路程 = 总路程。

师：小林、小云分别骑的路程是多少千米可以直接知道吗？

生：不知道。

师：怎样求？

生：可根据他们各自的速度乘以时间就可以求出各自的路程了。

师：非常好！

（师板书）

小林骑的路程 + 小云骑的路程 = 总路程

小林的速度 × 时间　小云的速度 × 时间

师：在上述关系里，哪些量是直接知道的？哪些是不知道的？

生：小林、小云的速度，还有总路程是直接知道的，他们的时间是不知道的。我们可以把它设为 x。

师：说得对！好，你们试着列出方程并解方程。

（学生根据等量关系列方程并解方程）

师：谁出来板演你的做法？

生1：我是这样做的。

> 解：设两人 x 分钟后相遇。
>
> 250 米 =0.25 千米，200 米 =0.2 千米
>
> $0.25x + 0.2x = 4.5$
>
> $0.45x = 4.5$
>
> $x = 10$

师：同学们，他做得对吗？

生：对！

师：还有别的做法吗？

生2：有，我是这样做的。

> 4.5 千米 =4500 米
>
> $250x + 200x = 4500$
>
> $450x = 4500$
>
> $x = 10$

师：这样做可以吗？

生：可以！

师：对，方法一样，都利用了以上的等量关系来列出方程，只不过是换算单位不一样。他们的答案都一样，我们看看结果是否合理？

生：$(0.25 + 0.2) \times 10 = 0.45 \times 10 = 4.5$（千米），合理。

答：两人 9:10 相遇。

师：刚才我们利用了"小林骑的路程 + 小云骑的路程 = 总路程"这个等量关系列方程，那还有别的等量关系吗？

生：有，两人每分钟骑的路程和×时间 = 总路程。

> 解：设两人 x 分钟后相遇。
>
> $(0.25 + 0.2)x = 4.5$
>
> $0.45 x = 4.5$
>
> $x = 10$

答：两人 9:10 相遇。

师：非常棒！没错，除了根据"小林骑的路程 + 小云骑的路程 = 总路程"这个等量关系列方程之外，因为时间大家一样，所以我们也可以根据"两人每分钟骑的路程和×时间 = 总路程"这个等量关系列方程。

【评析】借助学生画出的线段图开展问题探究，并利用多媒体，使抽象问题更具体化，对题目的理解更直观，更容易找准等量关系，列出正确方程。抓住线段图强调"图"和"式"的联系，渗透模型思想，让学生更好

地把握数学问题的本质，提高学生分析和解决问题的能力。】

（三）回顾与反思

师：刚刚是通过什么办法找到等量关系的？利用了哪些学过的知识解决相遇问题？

生：我们刚刚通过画线段图，利用速度、时间和路程的关系来解决相遇问题。

师生小结（PPT展示）：

1. 画线段图的作用：可以清楚地分析数量之间的相等关系（即等量关系），线段图是这类相遇问题常用的辅助工具，希望同学们好好使用它。

2. 列方程的依据：解决相遇问题，经常要用到速度、时间和路程的数量关系来列方程。

看书质疑：第79页例5"列方程解决相遇问题"。

【评析：通过回顾解题的过程，反思学习的手段和方法，进一步明确画线段图是有效的辅助手段，它能帮助我们更易找到数量关系，强化学生的画图意识；同时也进一步加深了学生对"速度×时间＝路程"这一数量关系的感悟，再次建立了方程的模型结构，渗透模型思想。】

三、对比练习，巩固拓展

（一）第一题组对比

（1）（相遇问题）第82页"练习十七"第11题（只列方程不解答）。

两列火车从相距570 km的两地同时相向开出。甲车每小时行110 km，乙车每小时行80 km。经过几小时两车相遇？

师：本题知道了什么？要求什么？

生：本题与例题是一样的，都是解决相遇问题，知道了两车的速度，两地的距离，求相遇时间。

师：很好！在堂练本上独立完成。

（学生独立完成）

生（实物投影）：甲行路程＋乙行路程＝总路程

解：设经过 x 小时两车相遇。

$$110 x + 80 x = 570$$

（2）（工程问题）两个工程队共同开凿一条长117 m的隧道，各从一端相向施工。甲队每天开凿4 m，乙队每天开凿5 m，多少天可以打通这一隧道？（只列方程不解答）

师：思考本题与第（1）题有什么异同？先独立思考，再同桌讨论。

生1：本题不是相遇问题，而是关于工程问题方面的，知道了总工作量、工作效率，求工时。

生2：两题情境虽然不同，但他们的解题思路都是不变的。第（2）题我们也可以利用解决相遇问题的方法来解决。

师：棒极了！同学们独立完成。

生（实物投影）：甲工作量 + 乙工作量 = 总工作量

解：设 x 天可以打通这一隧道。

$$4x + 5x = 117$$

师板书小结：

转化

工程问题 ⟷ 相遇问题

【评析：第（1）题是相遇问题，第（2）题是工程问题，让学生明确虽然情境变了，但解题思路是不变的，工程问题是可以转化为相遇问题来解决的。这样通过题组对比，让学生既巩固了新知，又渗透了转化思想，实现了知识的变式和拓展，提高了应用意识（核心素养）。】

（二）第二题组对比

师：把上面的第（2）题换成下面的题目。

（3）（相遇问题）第82页"练习十七"第12题（只列方程不解答）。

两地间的路程是455 km。甲、乙两辆汽车同时从两地开出，相向而行，经过3.5小时相遇。甲车每小时行68 km，乙车每小时行多少千米？

师：同学们，你们能比较一下第（1）题和第（3）题又有什么异同吗？

（先独立思考，再同桌讨论）

生1：条件和问题改变了，变成知路程、时间和其中一辆车的速度，求另一辆车的速度。

生2：都是相遇问题，数量关系是相同的，甲行路程 + 乙行路程 = 总路程。

生3：其实方法是一样的，只不过未知量变成求速度，可设另一辆车的速度是 x km/h，其他数据都知道，直接根据等量关系列出方程就行了。

师：三位同学都说得非常好！没错，其实第（1）题和第（3）题，它们都是相遇问题，既然都是同类问题，肯定也是利用路程、时间和速度三者的关系来解决。它们的数量关系式是一样的，都是甲行路程 + 乙行路程 = 总路程，路程和时间都知道，我们只需把其中一个未知量速度设为 x 就行了。

师：请同学们独立完成。

生（实物投影）：甲行路程 + 乙行路程 = 总路程

解：设乙车每小时行 x 千米。

$$68 \times 3.5 + 3.5x = 455$$

【评析：（1）（3）两题都是相遇问题，虽然条件和问题改变了，问题由原来求相遇时间变成了求乙车的速度，即未知量改变，但是情境没变，所以有着相同的数量关系，故列方程的依据没变，只要把未知量速度设为 x 就行了。这样通过再一次的题组对比，进一步加深了学生对"速度×时间＝路程"关系的理解，提高应用意识（核心素养）。】

四、全课小结

师：今天，我们学习的列方程解决问题比较复杂了。在列方程之前，大家用什么方法来帮助思考和分析呢？

生1：画线段图。

生2：工程问题也可以转化为相遇问题来解决。

生3：用"速度×时间＝路程"的数量关系来列方程。把未知量设为 x，根据等量关系式列出方程。

师：你们说得真好！（PPT展示）

（1）通过画线段图可以清楚地看出数量之间相等的关系，这样很容易找到等量关系式。

（2）解决相遇问题，经常要用到速度、时间和路程的数量关系来列方程。

（3）把未知量设为 x，根据等量关系式列出方程，正确解答。

（4）工程问题也可以转化为相遇问题来解决。

【评析：通过全课小结，对解决相遇问题的解题方法、思路进行梳理，加深学生对知识的理解和掌握，培养学生的归纳能力。】

（广州市荔湾区耀华小学卢映芬老师评析）

附录五　真实课堂　朴实教风　扎实发展

—— 我的教育教学成长之路

※ 我的教育追求

返璞归真，走真实、朴实、扎实的课堂教学之路

回顾十几年课改的历程，课堂教学走过了浮躁与虚华，多了几分踏实与平和。我终于发现，追求现场热闹，形式化的课堂教学，并不能真正提高课堂教学的有效性。返璞归真，走真实、朴实、扎实的课堂教学之路，才是课堂教学的最高追求。

一、追求真实灵动的课堂，关注教育机智的养成

理想的课堂应该为学生成功有效的学习提供扎实的指导和服务，应该关注学生的收获与发展。教学不再是教师固守教案，用一问一答的形式牵着学生走，而是真实自然的师生互动。师生、生生之间在对话和交流中实现思维碰撞，达到知识的共享和共同的提升。课堂上最重要的不是课堂气氛热烈与否，而是学生在课堂上学到多少。这样的课堂或许不能如预设那么顺畅，也可能会出现一些教学设计上的"意外"，但正是这样的"意外"反映了学生在课堂上积极的思维状态，也往往最能考验教师随机应变的能力和综合素养，也就是我们常说的"教育机智"；正是这样的"意外"，让教师抓住转瞬即逝的教学资源，及时调整方向，形成新的教学方法，促进学生的发展。追求灵活真实的课堂有助于激发学生潜能的发挥，促进教师教育机智的养成。

二、关注知识形成的过程，营造朴实的教风

一节精彩的课，可以没有"煽情"的情节，没有"妙语连珠"的师生互动，没有时尚的教学方式，没有先进的教学手段……但它必须有让学生亲身经历知识形成过程的有效环节，能留给学生独立思考、自主学习和合作交流的空间，在一堂课的重难点处还要有教师平实的问题和学生充满个性而又真实的回答……从这个意义上讲，一节"朴实"的课，也可以是一节精彩的课。

《义务教育数学课程标准（2011 年版)》尤其重视学生在解决问题的过程中所展现的数学思考和情感。它强调在问题解决的过程中教师不能只重视

结果，而更应重视学生的学习过程，为学生创设更多的参与、经历、体验的机会，真正成为课堂教学中的组织者、指导者和合作者。

三、 让学生积极参与学习全过程， 达到师生发展的 "双赢"

《义务教育数学课程标准（2011 年版）》中指出：学生应当有足够的时间和空间经历观察、实验、猜测、计算、推理、验证等活动过程。因此，让学生积极参与学习全过程，使不同的人在数学上得到不同的发展，是我一直追求的目标。

首先，"趣"是关键。"趣"，就是激发学生的学习兴趣。爱因斯坦说过："兴趣是最好的老师。"人一旦对某事物有了浓厚的兴趣，就会主动去求知、去探索、去实践，并在求知、探索、实践中产生愉快的情绪和体验。其次，"活"是保证。"活"，是指课堂教学灵活，既指教学方法的灵活运用，也指教会学生灵活运用所学知识。最后，"实"是目标。"实"，是指教学方法、手段有效，不流于形式，没有多余的装饰，做到教学目标落实，教学内容充实，课堂训练扎实。一节给人以趣、活、实特点的数学课，既能激发学生的学习兴趣，使其不自觉地参与到学习的全过程，又能引发学生的数学思考，使其掌握恰当的数学学习方法；同时，它更是教师深入钻研教材、科学把握教材、灵活运用教学方法等能力提升的有效途径。

当然，真实不是为了展示平淡无奇，朴实也不是不追求完美，扎实更不是简单重复的机械操作和训练。在以后的教学中我将根据教学的实际情况，采用最简洁有效的教学手段，扎扎实实地从学生的实际出发，踏踏实实地给学生构建知识，让学生在有限的时间里能有所感、有所悟、有所得。只有朴实的教风和真实的教学过程，才会有扎实的教学成效。

※ 我的教育故事

教育机智哪里来？

—— 一节公开课引发的思考

课堂是动态的，是千变万化的。课前无论教师准备得多么充分，但在实际课堂教学中还是常常会出现意料不到的"小插曲"。记得在一次研讨课上，我就碰到了这样的"插曲"。

在教学二年级上册第78页例3"用乘法解决问题"一课中，完成例题的教学后，进行第2个基础练习时，我提出问题："你能根据这些信息提出其他用乘法解决的问题吗？"接着出示两人合作完成的提纲：（1）提问题并解答。（2）跟同伴说说你的想法。

在平时的教学中经常会设计上述环节，既能锻炼学生运用所学知识解决新问题的能力，同时也能培养学生发现问题和提出问题的能力。预设时此环节的处理方法有两种：第一种是教师提出问题后，请一组学生示范，再让学生同桌合作完成；第二种是教师提出问题后，先让学生同桌合作完成，再请一组学生汇报。考虑到让学生仿照例题提出问题的难度不大，而且这是平常的教学中教师经常会进行的练习，上课时用哪一种方法问题都不大，指导我教学的前辈和我自己都认为教师自行处理就好了。可是真正到了研讨课上，我提出问题后，学生争先恐后地举手表示能回答，于是我就顺理成章地选用了第一种方法，让一组学习比较优秀的学生先示范。结果，意外发生了。请上来的学生在讲台上，一句话也说不出来，还不断冒冷汗。这时，我心里"咯噔"了一下：糟糕，面对台下250多位观摩的教师，孩子紧张得说不出话来了。更糟糕的是，我也被吓到了，压根不记得还有第二种处理方法。我只能不断地鼓励学生，"不要急呀！""慢慢来啊！"……终于，学生挤出了问题，另外一位合作的学生也解决了问题。练习完成了，时间也一分一秒地过去了。毫无意外，我拖堂了。

课后，我对当时面对意外自己未能从容、及时地处理进行了反思。教师作为教学的组织者、指导者，要抓住这样的"意外"进行相应的处理，让课堂"无痕"地进行下去，就需要教师具备良好的教育机智。

苏霍姆林斯基曾说过："教育的技巧并不在于能预见到教学的所有细节，而在于根据当时的具体情况，巧妙地在学生不知不觉中做出相应的变动。"教育家乌申斯基也说过："不论教育者怎样地研究教育理论，如果他没有教育机智，他不可能成为一个优秀的教育实践者。"于是，培养良好的教育机智成为我努力的目标。

什么叫教育机智？教育机智是教师在教育、教学过程中的一种特殊定向能力，是指教师对学生活动的敏感性，能根据学生新的特别是意外的情况，迅速而正确地做出判断，随机应变地及时采取恰当而有效的教育措施解决问题的能力。教育机智是教师良好的综合素质和修养的外在表现，是教师娴熟运用综合教育手段的能力。

如何锻炼教师的教育机智？首先，教师必须深挖教材内容，使自己准确把握教材，这样才能有针对性地处理好教材。其次，教师必须熟悉学生情况，了解学生现有的知识能力，把握学生的思维动向，基于对教材的钻研和对学情的了解，再进行充分的课堂预设。但预设要有弹性、留有空白。因为教学过程本身是一个动态的建构过程，教师不可能完全预料到课堂中会出现的情况，所以预设时，要预留"弹性时空"，使整个预设有更大的包容度和自由度。最后，教师必须不断磨炼。教育机智的形成，非一日之功，它有一个厚积薄发的过程，需要在教学实践中不断积累经验，积累多种"案例"，积累多种"处方"。经验越丰富，遇到意外事件心中就越有底，就越能处变不惊。

期待具备良好教育机智的我，期待在课堂教学中如鱼得水、游刃有余的我。

※ 我的教育成长

成长与收获并行

从小，教师就是我的理想职业。虽然在成为光荣的人民教师之前有过些许波折，但最后我还是踏上了人民教师的讲坛，从此我走进了童心世界。一晃将近20年，回顾这20年来的成长历程，虽然有苦，有泪，但也有甜，是成长与收获并行。

一、初涉教坛，踏上征途

犹记第一次踏上讲坛，心情不免激动，但也彷徨。作为非师范毕业的理科生，光凭一腔热血，要踏上教学正轨，并不像想象那么简单。直到今天，我还记得第一次被听课和被评课时的那种忐忑和不安。校长的一句"没关系，慢慢来，再过三年应该能够成长"让我不禁心伤，我不信要三年那么长的时间。于是我一方面向同行的前辈取经，学习他人之所长；另一方面恶补教育学、心理学和数学教育教学理念。一个学期以后在学校一年一度的"青年教师课堂教学大比武"中，我得到了校长和同行前辈们的表扬。这次的比赛给了我信心，成为我教学生涯的转折点，我正式踏上教学的征途。

我和前辈们一起上课，备课，批改作业，辅导学生；坚持听课、评课，在同事的课堂教学中汲取经验；主动参加学校的"青年教师课堂教学大比武"和说课等比赛，在各种研讨课、赛课中不断磨炼自己。为了提高自己的教育教学水平，我订阅各种数学教学方面的报刊，通过专业阅读，提高理论素养，丰厚教学功底，并积极撰写学习体会，促进先进教学理念的内化。

课余时，我以大姐姐的身份亲近学生；课堂上，我以组织者、指导者和参与者的姿态进行教学。我根据学生的年龄特点和爱好兴趣进行教学设计，采取各种手段激励学生积极发言……孩子们喜欢我的课堂，我对我的明天充满了希望。

二、 投身课改， 促进成长

《义务教育数学课程标准（2011 年版)》的培养目标在原有的"双基"基础上，又进一步明确提出了"基本思想"和"基本活动经验"，把"双基"扩展为"四基"。"育人为本"的教育理念，使我备课时不但关注学生的知识基础，更关注课堂的预设与生成。课改的春风也涌现了大批的教育名师，于是观摩各地优秀教师的示范课、研讨课，聆听各级各界专家的讲座，成为我努力提升自己教育教学水平的有效途径。

吴正宪老师提出的提供"好吃"又有"营养"的儿童数学教育思想令我印象深刻；华应龙老师的"听自己的课，反思自己的课堂"的做法使我改掉了上课时的坏习惯；黄爱华老师"趣、实、活"的教学风格令我折服……

课堂是教师成长的主阵地，教师要成长必须从平凡的课堂教学开始。故此我坚持学习学科知识、教育教学理论，努力将教育教学理念与教育实践有机融合，以身作则实施新课程。我积极上研讨课、展示课，近几年先后上的各级公开课、做的专题讲座达 20 多次。在课堂教学上已形成特色鲜明的教学风格。

三、 积极科研， 走向成熟

朱浦老师说："当教师的最高境界是成为一名研究型教师，有较强的研究意识和研究能力。"从 2004 年开始，我积极投入科研探索中，在探索中发现、揭示课堂教学中的内在规律。我参与区级规划课题"小学课堂教学策略的有效应用研究"，探索并归纳出小学数学课堂教学的有效策略并实施于课堂教学中；也参与广州市教育局资助科研项目"小学数学课堂练习有效设计与实施的研究"，将课堂教学与课题研究紧密结合，促使自己从经验型教师向研究型教师转化。我作为课题主持人立项广东省教育科学"十二五"规划课题"培养学生小学数学问题解决能力的研究"，对小学数学问题解决能力的培养方面进行实践探索。通过文献研究与实践研究，构建并完善小学数学问题解决能力结构；以课例为载体进行行动研究，培养学生数学问题解决能力，探索小学数学问题解决能力培养策略。

课题研究促使我用科学的方法验证自己在教育教学实践中总结的经验，并不断反思：反思我的课堂教学，反思我的教学方法……在反思中创新，在反思中提升。通过反思我不仅有了收获，还找到了不足，于是我想方设法弥补不足，这样的良性循环使我的教学趋向成熟。

四、 多读勤练， 迈向成功

阅读经典，与过去的教育家对话，是教师成长的基本条件，也是教师教育思想形成与发展的基础。我经常阅读各种教学参考书籍，从中获取最新的教育教学信息；阅读各种专业杂志，探究教学的新理论、新模式、新方法。通过读书，我学习前人的智慧；通过思考，我把前人的智慧转化为自己的智慧；通过实践，我将课堂教学中的得意之处、灵感之处、败笔之处，以及学生的智慧之处和困惑之处记录下来，作为写作的素材。近几年，我撰写的十多篇文章先后在国家级、省级和市级教育部门主管的杂志上发表，有二十多篇文章参与省、市、区各种评比活动分别获一、二、三等奖。

如果说成功，我着实还相差甚远，但凭着我对教育事业的热爱，对专业技术执着的追求，我一定会在这条道路上坚定地走下去，向着成功的方向不断迈进。

※ 我的教学名录

积累数学活动经验　培养学生问题解决能力

《义务教育数学课程标准（2011 年版）》中课程总目标的第一条明确指出：学生能获得适应社会生活和进一步发展所必需的数学的基础知识、基本技能、基本思想、基本活动经验。由此可见在数学教学中基本活动经验作为学生必备的一种基本的数学素养，已经被提到重要的位置。

"综合与实践"是以学生应用知识、解决问题为主要目的的一种学习方式，是学生积累数学活动经验的重要载体。下面我结合"数字编码"的教学谈谈我的看法。

"数字编码"是三年级上册"综合与实践"领域的一个主题活动，主要是让学生感受编码的广泛应用，探索编码的编制方法，体验应用编码的方法解决简单的实际问题的全过程，从而提高学生问题解决的能力。在学生学习的过程中，要求教师引导学生广泛参与实践。这里的"广泛"，既是指形式的多样，也包括过程的充分，还包括充分的交流。

第一，要让学生广泛开展实践，充分积累数学活动经验。

"活动经验"是指学生直接或间接经历了活动过程而获得的经验。"综合与实践"是教师通过问题引领学生全程参与实践过程的相对完整的学习活动，它包括问题引领、探究解法、实践操作和交流评价四个教学环节，要求学生积极参与到这四个环节中，在"做""观察""实验""探究"等一系列活动中发现和解决问题。于是，课前我布置学生了解生活中的数字编码，收集邮政编码和身份证号码等，通过各种渠道（询问相关人员或上网搜索）了解编码的特点。让学生在进入探究之前就经历不同形式的实践，增强课外实践与课内探究的联系，同时帮助学生积累数学活动经验，培养学生发现问题和提出问题的能力。

第二，要设计具有探究价值的活动，加强学生之间的合作交流。

同一个实践活动，由于学生个体理解上的差异、思维上的差异、解决问题途径的差异，就会出现不同的表达方式。加强学生合作交流的目的就是将这些"不同"在解决问题的过程中呈现出来。教学中我设计了一个"创新"活动，让学生应用编码知识给全校每个同学设计学号。在两次的试教中，我分别呈现两种方案：方案一，教师先引导学生交流"学号设计"需要包含的信息（年级、班别、班内学号、性别、入学年份等），再进行设计和汇报交流。学生很顺利地完成了任务，但是得出的结果大同小异，信息的选择一样，只是排列顺序不同。很明显，活动失去了该有的探究价值，没有达到"创新"的目的。于是我进行了调整，设计了方案二，让学生以小组合作的形式带着问题（学号要包含哪些信息？如何排列信息的顺序？每个信息用几个数字表示合适？）直接进入学号的设计环节，然后进行汇报交流。结果出现四种不同的设计方案，各组同学在聆听其他三组的汇报后提出自己的不同见解，最后得出了课本中没有提及的真正"创新"的方案：学号包含入学年份、班别、班内学号和性别四个信息，明确用"入学年份"取代"年级"这个信息可以使学号维持小学六年不改变，信息中不需要出现"出生日期"这个信息。可见，方案二使活动更具探究意义，它呈现出学生积极探究的真正状态，这种带着问题进行小组交流的形式既为学生提供了引导，又不禁锢学生的思维，让学生在思维碰撞中得到创新，使学生的探究能力得到了真正锻炼，加强了学生之间的合作交流。

第三，要重视交流评价，提升实践的智慧。

《义务教育数学课程标准（2011年版）》指出，数学活动经验需要在"做"的过程中和"思考"的过程中积淀，在数学学习活动中逐步积累。而"广泛开展实践"，不但强调"做"的过程，更重视实践过程的思考和交流评价。不同的学生即使经历相同的数学活动，获得的数学活动经验也是有差异的。有的学生获得的活动经验比较丰富，有的学生获得的活动经验比较单薄，如何让获得不同活动经验的学生在经历数学活动过程后有不同程度的提升呢？交流评价是有效的方法之一。上述方案二让学生带着问题设计学号并汇报，在经历设计过程，经过充分思考后来倾听其他组的意见，无疑能使学生的思维更清晰、更有条理，有利于促进学生数学素养的形成和实践智慧的生成。

"综合与实践"这一类以问题为载体、以学生自主参与为主的学习活动，是帮助学生积累数学活动经验的重要途径。它不但沟通了生活中的数学与课堂上的数学的联系，发展了学生综合应用知识的能力，而且也培养了学生的问题解决能力。

参 考 文 献

［1］中华人民共和国教育部．义务教育数学课程标准：2011 年版［S］．北京：北京师范大学出版社，2012.

［2］王光明，范文贵．新版课程标准解析与教学指导：小学数学［M］．北京：北京师范大学出版社，2012.

［3］教育部基础教育课程教材专家工作委员会．义务教育数学课程标准（2011 年版）解读［M］．北京：北京师范大学出版社，2012.

［4］杨庆余．小学数学教学研究［M］．北京：中央广播电视大学出版社，2005.

［5］赵秀兰．培养低段学生解决问题的能力［J］．课程教育研究，2013（10）：159.

［6］杨玉琴．浅谈小学数学解决问题的有效策略［J］．数学学习与研究，2013（22）：118.

［7］杨金萍．小学数学"解决问题"的教学策略［J］．宁夏教育，2012（12）：43.

［8］林志勇．小学数学教学中如何培养学生问题解决的能力［J］．数学学习与研究，2013（4）：143.

［9］冷少华，刘久成．小学数学解决问题教学的目标、内容和策略［J］．教学与管理，2012（24）：98－100.

［10］诸凤．小学数学"问题解决"能力的培养［J］．教育实践与研究（A），2011（3）：52－54.

［11］冷少华．小学数学问题解决能力培养的研究：以 YZ 市 YC 校为例［D］．扬州：扬州大学，2013.

［12］郭新春．小学生数学问题解决能力的培养研究：以大连开发区红梅小学三、四年级学生为例［D］．大连：辽宁师范大学，2012.

［13］曹培英．小学数学问题解决的教学研究（一）［J］．小学数学教育，2013（6）：3－5.

［14］人民教育出版社课程教材研究所小学数学课程教材研究开发中心．义务教育教科书教师教学用书：数学（一年级上册）［M］．北京：人民

教育出版社，2012.

[15] 人民教育出版社课程教材研究所小学数学课程教材研究开发中心．义务教育教科书教师教学用书：数学（一年级下册）［M］．北京：人民教育出版社，2012.

[16] 人民教育出版社课程教材研究所小学数学课程教材研究开发中心．义务教育教科书教师教学用书：数学（二年级上册）［M］．北京：人民教育出版社，2013.

[17] 人民教育出版社课程教材研究所小学数学课程教材研究开发中心．义务教育教科书教师教学用书：数学（二年级下册）［M］．北京：人民教育出版社，2013.

[18] 人民教育出版社课程教材研究所小学数学课程教材研究开发中心．义务教育教科书教师教学用书：数学（三年级上册）［M］．北京：人民教育出版社，2014.

[19] 人民教育出版社课程教材研究所小学数学课程教材研究开发中心．义务教育教科书教师教学用书：数学（三年级下册）［M］．北京：人民教育出版社，2014.

[20] 人民教育出版社课程教材研究所小学数学课程教材研究开发中心．义务教育教科书教师教学用书：数学（四年级上册）［M］．北京：人民教育出版社，2014.

[21] 人民教育出版社课程教材研究所小学数学课程教材研究开发中心．义务教育教科书教师教学用书：数学（四年级下册）［M］．北京：人民教育出版社，2014.

[22] 人民教育出版社课程教材研究所小学数学课程教材研究开发中心．义务教育教科书教师教学用书：数学（五年级上册）［M］．北京：人民教育出版社，2014.

[23] 人民教育出版社课程教材研究所小学数学课程教材研究开发中心．义务教育教科书教师教学用书：数学（五年级下册）［M］．北京：人民教育出版社，2014.

[24] 人民教育出版社课程教材研究所小学数学课程教材研究开发中心．义务教育教科书教师教学用书：数学（六年级上册）［M］．北京：人民教育出版社，2014.

[25] 人民教育出版社课程教材研究所小学数学课程教材研究开发中心．义务教育教科书教师教学用书：数学（六年级下册）［M］．北京：人民教育出版社，2014.

[26] 陈瑶．课堂观察指导［M］．北京：教育科学出版社，2002.

[27] 袁振国．教育研究方法［M］．北京：高等教育出版社，2000.